U0062502

大家小小书
篆刻　王兴家

中国历史小丛书

新编历史小丛书

新编历史小丛书

情报史话

熊剑平 著

北京出版集团
文津出版社

目　录

第一章　情报和情报的作用

关于情报，在中国学界一直有着不同的理解。对于情报的作用，人们也经常持有不同的认识。因此，我们首先简单地对情报的概念进行界定，并简要揭示情报的基本作用。

一、情报的概念

在中国学界，人们对"情报"的理解和认识主要分为两种：一种是科技信息学界的认识，习惯从信息层面谈论情报工作，例如图书情报、科学技术情报等。他们眼中的情报，实则是信息。他们眼中的情报工作，是指搜集这类信息的过程。另外一种则是政治学界和军事学界的概念，认为情报是有关政治和军事的重要信息，对政治决策和军事斗争起到重要影响，情报工作服务于国家安全和军事斗争的需求。尤其是军事情报，专为军事斗争服务，努力确保打赢战争。后面一种可能包含前者，比如说科学技术信息往往也是情报工作的重要内容之一。因为情报需要为政治斗争和军事对抗提供决策参考，因此必须要在信息搜集的基础之上完成再加工，包含分析和比较、总结和评估的过程。因此情报工作既包含重要信息的搜集工作，也包含上述分析比较、总结评估等工作流程，此外还包括对重要情报信息的保护，即"反情报"。"情报"，也许既包含"情"的信息价值，同时还有"报"的传递过程。

就这个"情"字，学术界也是众说纷纭，有说是专指敌情，有说是指敌我双方之情，也有说包含天地之情。限于篇幅，这里不做过多辨析。在中国古代，以孙子为代表的军事家，更多秉持大情报观，他们眼中的"情"，既包含敌我之情，也包含天地之情。所谓"知"，强调的是对上述情况都应有所掌握。孙子的名言——"知彼知己，胜乃不殆；知天知地，胜乃不穷"，千古流传，为军事家们所熟知。《管子·七法》中说"遍知天下"，也是这个意见。而且，他们的情报观，在数千年间得到了较为一贯的继承，也可与今天西方的情报理论暗合。

本书所论情报，关乎国家安全和军事斗争，有时直接等同于军事情报，部分包含政治情报。至于所论情报工作，则基本都是为国家安全服务的情报搜集、情报分析以及反情报工作，更多集中于政治和军事领域。

有句名言说，战争是政治的继续。正是军事与政治的密切关系，让政治情报与军事情报之间的界限变得模糊起来，至少在很多时候都很难将它们截然分开。对象国政治势力之间的角逐显然是政治情报，但也可对制定战略目标和战争计划等起到重要参考作用，政治情报可随时转化为军事情报。为了筹备战争，不免需要搜集大量的与其有关的人口和地理情报，但是一旦战争结束，这些情报就可以转而为政治经济建设服务，军事情报便由此转而成为政治情报。就一国的情报机构设置而言，可能会分设为对外职能和对内职能，但就国家安全而言，它们的目标非常接近，甚至是完全一致。因此，在和平时期，很多情报工作都是为政治服务，为政治和外交工作提供保障，一旦国家进入战争状态，众多情报机构都会转而为军事斗争服务。所有的情报搜集、情报分析及反情报工作，都会立即围绕战争而展开。

在中国古代，情报机构设置尚且不够健全，似乎更难将政治情报和军事情报严格区别开来。比如在明代，以厂卫为代表的情报机构，更多履行的是对内职能，主要搜集和处理关乎内部稳定的政情和民情等。比如锦衣卫固然是军队系统的情报机构，但也会在搜集军事情报之外，花费更多精力履行对内情报职能。再如清代军机处，它是为处理西北平叛战争而临时设立的军事情报机构，在实现职能的转变之后，却可以堂而皇之地将政治情报、经济情报等悉数聚揽。正是因为大量掌控情报，并拥有先期掌握和先期处置的便利，军机处才能够从容坐大，权力越来越大，渐渐成为清代皇帝的决策助手和清朝的政治决策机构，对清政府大政方针的产生起到重要影响。

二、情报的作用

美国学者法拉戈（Ladislas Farago）曾经指出，人类最早的"武器"是"石块、棒子和情报"。早在远古时期，我们的祖先就已经充分认识到情报的重要作用，并将其视为赖以生存的重要辅助。在我国先秦时期，人们也早早意识到情报的重要作用。春秋末期著名军事家孙子曾经指出："明君贤将，所以动而胜人，成功出于众者，先知也。"（《孙子兵法·用间篇》）作者所谓"先知"，就是先期掌握敌情，并以此预知战争胜负。孙子认为，明君贤将之所以能够打胜仗，就是因为他们能够认识到情报的作用，先期搜集情报，大量掌握情报。孙子此语生动揭示了情报工作对于军事斗争的重要意义，也得到了军事家的认同和响应。《吴子》也指出，出色的指挥员应该做到"观敌之外以知其内，察其进以知其止，以定胜负"，不仅需要高度重视情报搜集，并且注重情报分析，将情报工作视为战争决策和战法制定的基础。先秦兵家这种重视情报的传统，在中国古代得到了很好的延续。著名军事家如李世民、李靖、岳飞、戚继光、皇太极、曾国藩等，都非常重视情报工作，并且留下了精彩的情报活动案例或见解深刻的理论著作。

先秦时期的政治家为我们留下了不少精彩论述。比如《吕氏春秋》的作者认为，圣贤之所以能够很好地治理国家，也是因为做到了

"先知"，有足够的情报工作支撑。在《吕氏春秋·观表》中，作者指出："圣人之所以过人，以先知。先知必审征表，无征表而欲先知，尧舜与众人同等。"这段话生动揭示了情报对于圣贤治国理政的重要作用。不仅如此，考察朝代更替的历史，我们不难看出，情报工作也经常发挥着重要作用。战国时期，齐国就是因为没有能够识破苏秦的间谍身份，在战略决策上出现重大失误，几乎导致亡国。

在现代社会和现代国家，情报工作的地位和作用更加突出。无论是在和平时期，还是战争爆发之前，抑或是战争进行期间，情报工作都不容忽视。国家的兴亡安危、战争的成败得失等，都与情报工作息息相关。在和平时期，情报始终是维系国家安全的重要工具。政权的稳定及百姓的福祉等，都和情报工作有着密切联系。为了维护国家安全，反情报工作更为各国统治者所高度重视。

在战争发起之前，情报对于战争决策起着非同寻常的决定性作用。孙子"庙算"理论，正是集中体现了这个作用。所谓"庙算"，就是上层统治集团于庙堂计议国是、预测战争，实则就是对影响战争胜负的主要情报因素进行战略分析，并在此基础上预测战争胜负。其中心就是"先计而后战"，突出情报的先导作用。也就是先有情报，后有决策。一切决策、一切战争行为都必须建立在扎实有效情报工作的基础之上，建立在科学可信的情报分析基础之上。在战争发起之后，也即战争进行之中，情报的作用更突出转化为支援。情报，为战场指挥官尽可能提供一个可视化的战场空间，充分提供敌方的军事实力和战争意图，努力分析敌军的缺陷和弱点，最大限度地发挥己方的战斗效率，并最大程度地消除战争中的不确定因素，帮助指挥员找到最佳攻击方式、最优战术方案及可持续进攻的方向。情报是部署和调整战术手段的依据，直至取得战争的最终胜利。所以才会有俗语说，情报是战斗力倍增器。在现代信息化战争中，情报依然是打赢战争的前提与基础。

考察军事史和情报史，我们不难发现，战争的需求和军事斗争的实际需要，一直是情报工作向前发展的最大原动力。换句话说，情报起源于战争，是战争的产物，同时又反过来服务于战争，为军事斗争和打赢战争提供重要支撑。情报谋略始终是战争谋略的一个有机组成部分，情报人员的身影始终在战争发起前后显得至为忙碌，他们的工作对战争决策和战争胜负往往能产生非凡影响力。重视情报和研究情报，是做好军事斗争准备的重要前提。

中国是历史悠久的文明古国，同时也备受战神的青睐。在中国古代曾发生了无数次大大小小的战争。丰富的战争实践，既深化了人们对战争现象和情报工作的认识，同时也极大地提高了情报工作实践的水准，乃至军事家、政治家对于情报工作的思考和认识，也由此而越发走向深入。春秋末期诞生的著名兵书《孙子兵法》，其中有相当大篇幅系统研讨情报理论，突出强调了情报工作对于战争所起到的重要作用。《管子》把"遍知天下"作为把握战机和战争决策的最重要的决定性条件。在战争发起直至战争结束这整个过程之中，情报始终发挥着无可替代的强有力的保障作用。毛泽东题词"知己知彼，百战百胜"，也是在强调这一道理。

第二章　先秦时期：情报工作渐受重视

传说我国远古时期就已经有了组织较为严密的情报活动，比如发生在夏朝的"女艾间浇"。上古时期，伊尹、吕尚等人的情报活动，也已经赫然记录在册，反映出情报工作渐受重视的情形。在列国分治的春秋战国时期，更多丰富而且精彩的情报活动见诸史籍，展示了当时军政斗争的一个侧面。

一、先秦时期的情报实践

先秦时期，情报活动逐渐兴起。尤其是春秋战国时期，由于周天子式微和礼崩乐坏，诸强之间你争我夺，迫使各路诸侯高度关注局势演变，重视敌情的搜集，情报战也成为一种常态。

（一）上古时期

可以推想的是，早期的原始部落之间为了争夺水源和猎物等，不免会派出人员外出侦察和打探情报，这才能及时得知何处有猎物、何处有水源，并且得知参与争夺的对手的大致情况，这才能在争夺战中取得主动。而这，自然应该算是最为早期的情报活动。

由于史料阙如，远古时期的情报活动不免有些模糊。《左传》中记载了"女艾间浇"的情报活动，被当成中国的用间之始。女艾因为成功地刺杀了浇，从而帮助少康实现了复仇的目标。但这件事毕竟是从伍子胥的口中说出，并不能让所有人相信。可以相对确定的有组织的情报活动，至少可以从商朝算起。在商代的甲骨卜辞中，我们已经可以看到有侦察敌情和军事预测活动的记录。从《史记》中，我们也可以较为清晰地看到伊尹和吕尚等人的情报活动。尤其是吕尚，他的情报术，特别是情报示伪活动组织得周密而且富有成效，值得称道。

商朝，连同随后的周朝，都不能算作是统一的帝国，而更像是一种方国与方国的联合体。

这种联合体，有学者称之为"方国联盟"。《孙子兵法·用间篇》中说："殷之兴也，伊挚在夏。"这里的"伊挚"，即指伊尹。"伊挚在夏"说的是伊尹深入敌国，长期为商汤担任战略间谍，大量搜集军政情报的经历。这些情报对商汤灭夏起到了重要作用，所以才说殷朝的兴盛与伊挚的情报活动有着直接联系。伊尹为了搞好敌情侦察，亲赴险地，掌握了有关夏的第一手情报。为了不使夏桀起疑心，伊尹故意犯下大罪，然后负罪逃跑，可谓深谙谍报经营之术，历史上诸如政治避难、苦肉计、逃亡等间谍派遣之法，都可以从中找到古老的源头。此后，他又选定夏桀所宠信的妃子末喜（《国语》作妹喜）作为用间对象，对其进行策反和拉拢，发展为内间，为己所用。末喜则将夏的军情和兵力部署情况透露给伊尹，从而为伊尹选择主攻方向和进攻路线提供了重要依据。根据行间所获得的情报，伊尹制定了迂回进攻的方针，选择的是出人意料的进攻路线，一举取得胜利。

商朝传到纣王这里，终于灭亡。纣王当政期间，朝政腐败，姬昌开始图谋取而代之。在情报大师吕尚的领导下，周王逐步推进灭商大业。

吕尚通过及时有效的侦察活动，得知商纣"欲杀文王而灭周"的重要情报，于是制造大量假象麻痹纣王，使其立即调整战略矛头，不再与姬周为敌。这些隐藏己方实力和战略意图的手法，成功麻痹了纣王，使得商纣放弃武力征伐。这些手法，用孙子的话说是"示形之术"，在今天则可称情报欺骗术。纣王最终被吕尚一系列假情报所迷惑，做出了错误的判断和决策。孙子曾赞叹道："周之兴也，吕牙在殷"，认为周朝的兴盛与吕尚的情报活动直接相关。这一点也得到了包括王玉哲在内的古史专家的认同。他认为，周人大概为了牵制纣王在西方的兵力，派遣打入商内部的间谍吕尚，入东夷并鼓动其叛商。按照吕尚的设想，如果在殷商的后方制造事端，就可以牵扯商纣的注意力，扰乱其兵力部署，好为周王的征伐战争做好铺垫。在这之后，商王倾尽全国兵力，在经过多年征讨之后，使得东夷再次臣服，但己方也是元气大伤，国运日趋衰落，直至一蹶不振。吕尚则联合其他众多盟国共同举兵，终于一举战胜强敌。

　　"伊尹间夏""吕尚间商"是古代典籍中仅存的几个情报案例。虽然语焉不详，但已经充分揭示了情报在重大战争中的作用。

（二）春秋时期

春秋时期是"礼崩乐坏"的动荡时期。由于周王室的式微，各路诸侯渐渐坐大，渐而形成列国分治的局面，接着便是诸强争霸，纷争不已。诸侯国之间你争我夺的局面，迫使各路诸侯都高度关注局势演变，重视搜集敌情。这一动荡的局面，刺激了情报工作的发展，我国古代情报工作由此进入快速发展时期。与之相应的则是，情报理论也于此时取得飞速发展，终于有了《孙子兵法》这部系统总结情报理论的兵学著作的诞生。

在晋楚争霸的过程中，各方均非常重视情报工作。例如，晋军大营中有苗贲皇这样熟悉楚军军情的人物，楚军这边也有非常熟悉晋军军情的伯州犁。鄢陵之战中，伯州犁根据观察到的晋国大营里的情景，准确判断出晋军的意图。当时，晋国和楚国各自都有对方潜伏或反叛人员，悄悄进行着情报活动，正可谓"敌中有我，我中有敌"。"楚材晋用"这个成语本是用来形容春秋时期楚国和晋国之间的人才流动情况。其中主要是楚国的人才外流到了晋国，为晋国所用，因而有所谓"晋卿不如楚"的说法。"楚材晋用"折射出当时人才流动频繁，情报人员间杂其中的复杂局面。《国语·楚语上》有一篇《蔡声子论楚材晋用》，说的是楚国排挤贤人，这些人才外流到晋国，纷纷泄露情报，成为晋国战胜楚国的一个重要因素。这种情形到了鄢陵之战时，显得更加突出。晋楚之间围绕鄢陵之战，都非常重视情报战。情报成为主导战争胜负的最关键因素，至少战争胜负的天平由此而发生了倾斜。

春秋时期，伴随着情报活动的兴起，游说这种方式的情报活动在悄然兴起。游说活动是一种隐蔽行动实践，在现代情报活动中也很常见。这是使用秘密方式影响外国的政治、经济和社会生活，以秘密推进国家的外交政策。这种行动需要外交人才有出色的口才，能够凭借三寸不烂之舌，改变对象国的内政和外交，对情报人员的素质要求极高。春秋末期的说客，以子贡和张孟谈为代表。他们靠着出众的口才，在关键时候完成了行间的任务，都成为司马迁笔下浓墨重彩的一页，同时也是古代情报史值得关注的事件。烛之武退秦师，也是春秋时期以游说行间的典型代表。

公元前630年（晋文公七年，秦穆公三十年，郑文公四十三年），晋国联合秦国出兵围攻郑国。晋军驻扎在函陵（郑地，今河南新郑之北），秦军驻扎在氾水南面（郑地，今河南中牟之南）。面对两个军事强国的大兵压境，郑国可说是危在旦夕。就在这个危急时刻，有人向郑国国君推荐了老臣烛之武，希望他能临危受命，想办法解救郑国。烛之武借机为自己的长期受冷遇发了一通牢骚："臣之壮也，犹不如人；今老矣，无能为也已。"（《左传·僖公三十年》）国家的生死存亡毕竟是马虎不得的大事，在发了一通牢骚之后，烛之武还是连夜出城，前往秦军大营，希望直接和秦穆公举行秘密会谈。

烛之武趁着夜色，让武士用箩筐将他从城墙上放下来。出城之后，他便直接赶往秦军大营。秦军看门卫士看到忽然间来了一个头发花白的老者，便连忙阻止，拒绝其继续前行。烛之武见状，便坐在秦军营门外放声大哭起来，见此情形，守门卫士只好带他去见秦穆公。

秦穆公问他为何在营门外面痛哭，烛之武说，既为郑国的即将灭亡而痛哭，也为秦国痛哭。秦穆公感到非常奇怪。烛之武说：秦、晋两国围攻郑国，郑国已经知道要灭亡了。如果灭掉郑国对您有好处，怎敢拿这件事情来麻烦您。越过别的国家把远地作为秦国的边邑，您知道这是困难的，您为什么要灭掉郑国而给邻国增加土地呢？邻国的国力雄厚了，您的国力也就相对削弱了。如果您放弃围攻郑国而把它当作东方道路上接待过客的主人，出使的人来来往往，郑国则可以随时供给他们缺少的东西，这对秦国来说，也没有什么害处。而且您曾经给予晋惠公恩惠，晋惠公曾经答应给您焦、瑕两座城池。然而他早上渡过黄河回国，晚上就修筑防御工事。晋国，何时才能满足呢？如今已经在东边使郑国成为它的边境，又想往西扩大边界。如果不侵损秦国，将从哪里得到它所贪求的土地呢？削弱秦国对晋国有利，希望您考虑这件事！

　　从烛之武的一番分析可以看出他对当时天下形势的掌握，对各方情报都有自己独到的分析。秦穆公听了烛之武这一番分析之后，终于有所醒悟，暗自有了退兵的打算。烛之武利用秦晋之间的利益矛盾，从秦国的角度分析了"亡郑"之后的形势及秦国的得失，从而使秦穆公决定撤兵，瓦解了秦晋联军。这是一次非常成功的秘密情报活动，也令烛之武千古留名。在秦国撤军之后，晋国迫于无奈，也只好随即撤军，郑国于是避免了一场亡国之祸。

烛之武在成功劝退秦军之后，还与秦穆公签订外交协议。根据烛之武与秦穆公订立的盟约，双方约定了两件事情：一是"舍郑以为东道主，行李之往来，共其乏困"（《左传·僖公三十年》），有了这个协议之后，今后秦国的外交使节因出使东方各国而途经郑国时，郑国有为其供应物资粮秣的义务。二是秦国留下杞子、逢孙、杨孙三名将领协助郑国的防务工作。于是，杞子等三人作为秦国派驻郑国的军事代表留在了郑国。因为秦、郑两国实力上不能对等，秦国绝不会答应郑国往秦国派驻军事代表，而郑国则只能以接受对方的军事代表为代价，来换取秦国的撤兵。

从《左传》和《史记》的有关记载来看，杞子等人在郑国进行了大量的情报活动。在大约两年半的时间里，他们主要的间谍活动有二：一是努力掌握了郑国的"北门之管"；二是积极开展其他情报工作。《史记》在《郑世家》和《晋世家》中分别说："郑司城缯贺以郑情卖之"，

"郑人或卖其国于秦"。郑人出卖"郑情"也好，"卖其国"也好，中间联络员自然是杞子等人。《左传·僖公三十二年》则记载，杞子从郑人手里获得了开启北门的掌控之权。由此可见，杞子在两年多的时间里，通过大量的交友和情报工作，获得了郑国都城司城（主管城防之官）缯贺的信任，不仅获取情报，甚至连郑国北门的钥匙都能予以掌控。于是杞子立即派人向秦穆公送出情报："郑人使我掌其北门之管，若潜师以来，国可得也。"与此同时，杞子等人则开始在馆舍中秘密筹划策应之事。

秦穆公在接到这一情报之后，不顾老臣蹇叔的坚决反对，鲁莽地决定出兵远征偷袭郑国。秦军匆匆行至滑国（今河南偃师之南），恰好遇到郑国极具情报意识的爱国商人弦高等人。弦高原本要去成周（今河南洛阳）做买卖，发觉情势不妙，便立即机智地假借郑君的名义，拿出四张熟牛皮，再送上十二头牛来犒劳秦军，并假意说道："寡君听说你们行军要经过我国，让我先来犒劳大家。考虑到你们将在郑国宿营，我们已准备了一天的供应。当你们离开时，我们还将提供一夜的警卫。"这实际上是在警告秦军：郑国已得知秦军将偷袭郑国的消息且已做好战争准备。秦将孟明视听了这番话之后，心中暗暗吃惊，同时也不免感到一丝失望。偷袭既已无望，围攻又无后援，孟明视只好率领大军转道回国。

秦军将要偷袭郑国的情报，被弦高迅速传回国内。郑穆公（郑文公于上年去世）便派人前往杞子等人的"客馆"侦察，发现他们已经是厉兵秣马、蓄势待发。于是，郑穆公派人揭穿他们试图里应外合的阴谋，并驱逐他们出境。受命前往馆舍的大夫皇武子对他们说："诸位久住在敝国，我们已经没有干肉、粮食、牲口可供应了。听说你们要走，那你们就自己去猎捕点野味带上吧。"眼看阴谋已被揭穿，杞子等三人便只好分别逃往邻近的齐国和宋国。作为曾被寄予厚望的军事代表，至此寸功未立，且令秦国蒙羞，杞子他们根本不敢再回秦国。

秦国和郑国之间的两次情报战，郑国都是胜利一方。秦国的这种失利当然不是好事，但对他们认清自己的地位、适时调整战略方针却很有好处。此后的秦国毅然决然地大幅度调整战略方向，转而专心经营西部大后方，努力打牢东进的基础，扩展对于西戎的影响力，这便有了"秦穆霸西戎"。

秦国虽然地处蛮荒，但一直致力发展壮大自身实力。在这个基础上，再渐渐图谋向中原发展的机会。秦国在情报战中一度蒙受损失，但更多的是依靠情报战获利，而且秦国的情报工作表现出很强的因时势而变化的能力。不管如何，秦国在春秋时期的情报活动，为战国时期兼并天下而开展的大规模情报活动积累了经验。

在殽之战遭到惨败之后，秦国虽然在次年取得了对晋国的一次重大胜利，但是秦穆公还是决心把战略目标调整到西部，不再一味盲目东进。向西拓展成为秦国最切合实际的选择。这个时候，西戎使者由余的出现，正好给了秦穆公向西进军，进而独霸西戎的大好机会。策反由余，使其能够为己所用，便成为秦穆公最为迫切的重要任务。由余感受到秦穆公的恩宠，便主动和他一起商定讨伐西戎的计划，为秦穆公进攻西戎出谋划策。第二年，秦国便出动大军，对西戎发动攻击。由余对西戎的设防情况非常熟悉，带领秦军一路高歌猛进，非常顺利地就把西戎十二国消灭了。秦国的领土由此得到扩张，进一步巩固了自己作为西方霸主的地位，为后来的渐渐坐大进而统一中国奠定了基础。

秦穆霸西戎，战略方向的调整固然是一个重要和直接原因，而由余这样对西戎有着举足轻重作用的重臣，也有重要帮助。司马迁说："秦用由余谋伐戎王，益国十二，开地千里。"（《史记·秦本纪》）秦国围绕由余和西戎所开展的一系列情报战，体现出秦穆公的善于察人和善于用人，尤其是那种为长远目标做长远考虑的远见卓识和战略定力，都非常值得称道。

如果说晋楚争霸是春秋争霸史的主旋律的话，吴越争霸则是春秋晚期争霸的主旋律。它们之间既有国恨，更带家仇，争霸战争尤显惨烈，而且情节曲折跌宕，耗时蔚为久远，结果耐人寻味。这种惨烈状况从《史记》《国语》等多部史书中均可以窥见大致面貌。在这场争霸战争中，情报和间谍战显得尤其重要。越王勾践甚至有在吴国亲为间谍的经历。

勾践行间的最大资本是吴太宰伯嚭。伯嚭利用伍子胥失宠的机会，极力诋毁伍子胥，最终导致伍子胥被杀。另一个资本则是在后世享有盛誉的著名美女西施。据说她曾被勾践选派到吴国，潜伏在夫差身边做卧底。而且，勾践曾先后选派多名美女到吴国作为贿赂之用。在他选派的这些美女中，难免会有若干人行间谍之实，大量地为勾践搜集和传递情报。在这一系列的情报战之后，卧薪尝胆、励精图治二十载的勾践，于公元前473年对吴国发动大举进攻，并一举攻入吴都，成为春秋时期的最后一位霸主。

（三）战国时期

进入战国时期，列国之间的情报活动更加发达，其中尤以秦国更为出众。从总体上打量，秦国不仅是注重法家的理论，大力推行耕战和军功的政策，同时也依靠其出色的情报工作，成功实现了统一大业。在兼并战争中，秦国因为舍得投入和善于拉拢，赢得众多的效命者，依据客卿制度大量招揽人才。张仪、商鞅、范雎、李斯等人，都心甘情愿地为秦国效命。

在判断战略形势、制订战略预案方面，商鞅提出的《商君策》，从地缘战略的高度指出了魏国为秦国的"腹心之疾"，"非魏并秦，秦即并魏"。秦国要争夺天下，就必须扫除魏国这一障碍。一旦吞并魏国，秦国就可以依据河山之固，向东制约诸侯，在统一兼并事业中占据十分有利的战略态势。

在战国归于一统的过程中，范雎的《客卿对》也是一篇重要的君臣论对。与其说它是君臣论对，不如说是一份战略情报分析作品。该论对恰当地分析了当时的天下形势，指出秦国据地利之便，国富兵强，已经拥有统一天下的战略优势。针对这种局面，范雎指出，秦统一天下的正确道路，是"远交而近攻"。此后的历史，正是按照《客卿对》所指定的道路前行，"远交近攻"成为秦国基本国策。

范雎的情报才能也非常出众。秦赵之间的长平之战，范雎出色的反间计起到了相当重要的作用。公元前260年，秦赵两军相据长平。秦军虽在军事实力上占优，却因为赵军由持重沉稳的廉颇统率，而一直不能取胜。廉颇所采用的是坚守不出的策略，秦军在赵军坚固的营垒之前茫然而不得战策。无论秦军如何百般挑战，"赵军固壁不战"（《史记·廉颇蔺相如列传》）。面对困局，秦昭王问计于范雎，很快找到问题的症结所在。范雎主张，必须实施反间计才能战胜赵军。在获得秦王首肯之后，范雎便开始了自己的用间计划。范雎派遣一名精干的间谍潜入赵国都城邯郸。秦国的间谍四处散布流言说："秦之所恶，独畏马服君赵奢之子赵括为将耳。"（《史记·廉颇蔺相如列传》）间谍随后用重金收买了赵王左右的亲近，在赵王面前说尽廉颇的坏话，把他说成老而无用之人，因为惧怕秦军而不敢出战。

赵王果然被这些流言所迷惑，虽有蔺相如极力劝说，赵王仍然固执地改拜赵括为将，替换了能征善战的廉颇。只会纸上谈兵的赵括在上任之后，便不自量力地对秦军轻率发动攻击，结果被名将白起所率大军重重包围，四十万士卒除少数年幼儿童获得释放之外，其余悉数遭到坑杀。赵国的军事实力遭到重创，自此一蹶不振，再无与强秦一争高下的机会。

范雎虽然才华出众，心胸却不够开阔，是所谓"睚眦之怨必报"之人。范雎后来因为和白起争功而中了苏代的反间之计，在秦昭王面前诋毁白起，竟致使秦国一代名将冤死。

魏国信陵君的遭受诋毁也与范雎实施反间计有关。信陵君（？—前243），姬姓，魏氏，名无忌，战国时期魏国贵族，魏昭王之子，魏安釐王的异母弟。在魏安釐王时期曾官至上将军，是著名的"战国四公子"之一。信陵君凭借着自己政治和经济上的优势广招门客，最多的时候曾有门客三千。他的这些门客，才能各异，能在关键时候各显神通。公元前257年，秦国重兵包围赵国首都邯郸。赵王匆忙向魏国和信陵君求教。魏王惧怕秦军，迟迟不敢发兵。这时候，信陵君勇敢站了出来。他通过门客盗得虎符，获得军权，因此解救了如临深渊的赵国，使得秦国的这次进攻受挫。这就是著名的"窃符救赵"的故事。

公元前247年，恢复了元气的秦国开始大举进攻魏国。魏安釐王为此而焦虑不安，信陵君因此得以回国成为魏军的最高统帅。由于信陵君在诸侯国中一直很有口碑，所以当他派出使者向各诸侯国求援时，各诸侯国很给面子，纷纷派出援军救魏，秦军于是再次受挫。

秦军接连两次受挫于信陵君，让秦昭王深深感受到威胁。这时候，丞相范雎向秦王建议采用反间计除掉信陵君，被秦王采纳。

此前信陵君曾有长达十年被迫在外流亡的经历，同安釐王之间的关系本来就十分微妙。所以，当魏国有难，安釐王派使者来向信陵君求援的时候，信陵君曾经严词拒绝："有敢为魏王使通者，死。"（《史记·魏公子列传》）后来经过门客苦苦劝说，信陵君终于捐弃前嫌，回国效命。回到魏国后，安釐王和信陵君虽抱头痛哭，但二人之间的隔阂并未彻底消除。而这，正好给秦国实施反间计留下了机会。

秦王委派间谍携带重金悄悄潜伏到魏国。秦国间谍通过多方打探，总算找到了突破口。他们找到晋鄙的旧门客，让他们在安釐王面前诋毁信陵君。这些门客接受了重金贿赂，便完全按照他们的授意，大肆散布信陵君魏无忌想自立为王的谣言："公子亡在外十年矣，今为魏将，诸侯将皆属，诸侯徒闻魏公子，不闻魏王。公子亦欲因此时定南面而王，诸侯畏公子之威，方欲共立之。"（《史记·魏公子列传》）安釐王听到这些流言之后，果然对信陵君渐渐失去信任。

不久之后，秦王再次派人假意拜访信陵君并祝贺他在魏国取得的声名，还假装问他是否已经做了魏王。秦国间谍把他们的活动情况全部散播出去，也陆陆续续传到安釐王耳中。各种流言蜚语，魏安釐王不能不信以为真。他马上派人接替了信陵君的职位。信陵君明知自己被谣言所毁，却无法再作辩解，只好推托有病不再上朝。此后，他日夜借酒消愁，过了四年竟然郁郁而终。魏国失去了一位重要棋子，秦国的大军便接踵而来。

战国时期，纵横家经常参与到情报活动中来，是一个值得关注的现象。纵横家的情报活动，很多都是依靠游说，继承了春秋时期烛之武、子贡及张孟谈等人的技巧。纵横家也有其自身的活动特点，尤其是身份的特殊性，让其具有在多国活动的经历和机会，从而始终是情报战线的活跃分子。张仪、苏秦、苏代、范雎、公孙衍等纵横家都先后投入情报战线，从事间谍活动，留下了著名的情报活动案例，从而在情报史上留下了一道非常独特的风景线。

张仪本是魏国人，但后来长期为秦国出谋划策，甚至亲自充当间谍，游说离间诸侯，推销他的连横之术，尤其是在瓦解齐楚同盟时很好地发挥了他的"智术"和"间术"，为秦国各个击破创造了条件。年纪轻轻时，张仪就学到了很多纵横家的看家本领，但他前往楚国谋取功名，不幸遭到一顿毒打，都怀疑他是偷宝贝的人。张仪被打得奄奄一息，被人抬回家中，妻子悉心照料，他终于苏醒过来。醒来后的第一句话就是：我的舌头还在不在？妻子回答说：在。张仪说：那就好，我营生的资本还在！张仪营生的资本可不只是舌头，还有他出众的情报分析能力和出众的欺骗术。听说秦国重用客卿，他便赶到秦国寻找机会，没想到命运真的就此迎来转机，秦惠文王开始重用他。为了回报秦王，他回到自己的家乡，想要游说魏王投降秦国，一度得手。间谍身份被识破后，他逃回秦国，带领秦军又收拾了魏国一顿。可见在张仪这里，看不到忠诚。在他眼中，只有利益。

秦国的逐渐崛起，使得齐、楚两国都感受到巨大压力。它们于是试图以结盟的方式，对抗秦国。在这种情况下，张仪便再次赶赴楚国进行间谍活动，主要目的是离间它们，不能让它们实现联盟。

张仪来到楚国之后，不惜重金收买了楚怀王的宠幸之臣靳尚，发展成内应，通过他接近楚王。张仪对楚王说：如果楚国与齐国断交，秦国就将商於一带六百里土地割让给楚国。这样一来，楚国强了，齐国弱了，楚国也可与秦国交好。楚怀王被这"一计而三利俱至"的好事迷住了，对大臣们的劝阻也都置若罔闻。楚王立即嚷嚷着和齐国断交。于是，经过张仪的间谍活动，刚刚启动的齐楚联盟战略便立即宣告破灭。楚王对张仪的话信以为真，便天真地立即派一名将军跟随张仪前去秦国收取土地。没想到张仪一回到秦国，便宣称自己骑马时不慎受伤，整整三个月不出家门。这让楚王非常焦急，但他仍抱有幻想，希望秦国将土地尽快割让给他。楚怀王以为秦国不信他与齐国绝交，于是进一步与齐国交恶，以表示对秦国的诚意，好尽早获得土地。张仪用了欺骗术和拖延术，使得楚国的外交政策左右摇摆，进而与齐国全面交恶。秦国并不理会楚怀王的示好之举，乘机极力拉拢齐国，反倒是把楚国孤立起来了。终于，张仪答应交给土地了，只是这块土地不是六百里，而是六里。楚怀王一直眼巴巴地等着这块地，没想到这块地已经严重缩水。当他听到张仪的答复后立即大怒，下令派兵攻打秦国。但在这时，齐国已经与秦国结交，楚国处于孤立无援的状态，与秦国的战争也以失败告终。秦军一举占领汉中，再致力经营巴蜀，使得巴蜀和汉中连成一体。楚国对秦国的威胁也得到很大程度的缓解。

战国前期，齐国在击败魏国之后，总体实力迎来进一步跃升，在诸侯国之间已经占据优势地位。燕国实力相对较弱，因为与齐国是近邻，因而会受到齐国欺侮。齐宣王执政时期就曾出兵攻打燕国，并几乎将燕国覆灭。

燕昭王即位之后，一心想要找齐国复仇。著名的纵横家苏秦正在这时来到燕国。二人就此商量出祸害齐国的策略，苏秦计划通过间谍行动来改变齐国的战略矛头并就此改变齐国的国运。

公元前259年，苏秦受燕昭王派遣来到齐国。他极力怂恿齐王攻打宋国。只有这样才能消耗齐国的实力，转移他们的视线，同时也就此在燕国方向留下一道虚弱的防线，燕国实现复仇的计划因此而容易实施。凭借着三寸不烂之舌，苏秦终于还是说动了齐王。宋国当时已经衰落得厉害，而且是昏君当道，但地理位置、经济价值等，也都非常重要。不仅如此，定陶还是天下有名的经济中心，很有占领的必要。经过苏秦的极力怂恿，齐王下定决心要尽快地拿下宋国。但是，宋国当时毕竟也是一个二等大国，想要完全吞并也不是一件容易的事情。齐国只能全力以赴，举全国之力。在经过齐国三次大规模的发力之后，宋国终于陷落。当然，因为耗时耗力，齐国一方也遭受了不小的损失。齐国持续攻打宋国，当然引起各个诸侯国的恐慌，诸侯一致认为这时候的齐国已对自己构成了极大的威胁。他们悄悄地联盟，军队也都集合在一起。看到宋国被灭，五国联军出手了。公元前285年，秦王先后与楚王和赵王会晤，拉开了攻击齐国的序幕。不久之后，联军由名将乐毅率领，从燕国方向对齐国发起了猛烈进攻，目标就是瓜分齐国的土地。齐国军队此时还在集中精力对付宋国，根本顾不上北边防线，乐毅的进攻非常顺利。齐国只剩下两座城池没被攻破，其他则全被联军占领，直到后来由田单出马，才有了复国的机会，但已经是元气大伤。

齐国一度是战国时期的一流大国，之所以会在与燕国的交锋中输得这么惨，自身也存在原因。当然，苏秦的间谍活动，影响也是致命的。齐国众多谋士，并不懂得分析战争的利与害。或者说，只看到了"利"的一面，没看到"危"的一面，因此而做出了错误的战略选择。齐王并不懂得"杂于利害"的辩证思维，只是看到了局部利益和眼前利益，并没看到背后所隐藏的巨大危机，因此会被苏秦哄骗，执意攻打宋国。齐国在战略决策上出现的巨大的判断失误，影响非常致命。本来它与秦国在一个跑道上赛跑，忽然之间自己出现了重大战略失误，秦国人就此占据先机。战国历史也就此而改写。因为这种咄咄逼人的架势，齐国和周围诸侯国的关系也都严重恶化，最后导致乐毅率领联军攻打。吃掉宋国，固然是得到了一些利益，但齐国从此之后便走上了下坡路。这样的结果，当然是帮了秦国人的忙，也在一定程度上为秦国的统一天下创造了有利条件。苏秦的间谍行动至此大获成功，他本人则因此而身份暴露，遭遇到车裂的酷刑。

张仪利用土地为诱饵，成功离间了齐楚联盟；苏秦则以攻打宋国为诱饵，游说齐王改变战略方针，都深刻地改变了战国的历史走向。总体而言，纵横家的间谍活动只是那个时代风云变幻的一个侧面，但也充分体现出当时争霸各国对于情报工作的重视程度，展示出间谍活动对于争霸战争所产生的重大影响力。从总体上考察，纵横家的情报活动大都关注战略情报层面的内容，并据此试图扭转相关国家的对外军事战略。纵横家看重战略决策对国际局势演变的决定性作用，并试图以敌我关系的重新整合来改变各国的强弱态势乃至整个国际局势的走向。纵横家以张仪、苏秦为代表，以当时盛行的客卿制度为依托，公开出使，悄悄行间，集"伐交"与"用间"于一身，既是战略间谍，又奔走于军事外交战线。纵横家们的家国观念往往不强。他们往往热衷于立功立名、追求富贵而无确定的是非之见，《汉书·艺文志》总结为"上诈谖而弃其信"的特点。正是看到趋利之徒的这一本性，秦国以舍得投入和善于拉拢赢得了众多的效命者，从而在兼并战争中赢得最终胜利，成功统一中国。

二、早期情报机构的设计

在中国古代，很可能较早就诞生了情报机构或者性质与之较为类似的机构。从甲骨文中，我们至少已经能够看到类似于监控机构的设立，也可以看到情报活动的展开情况。从先秦兵书《六韬》关于"王翼"的设置，以及儒家经典《周礼》有关外交和情报机构的描述，我们有理由相信，当时的政治家和军事家们都已经充分重视情报工作，也在尝试建构较为完备的情报机构。

（一）情报机构的萌芽及发展

从甲骨文中我们可以看出，当时的商王朝已经开始设立监视方国的制度，可知当时已经建立起较为稳定的情报搜集制度。商朝其实是一种方国与方国的联合体，这种联合体可称为"方国联盟"。在这种联盟体制之下，众多方国以商王国为中心，在尊奉其为中央王朝服从其领导的同时，也具有着相对独立的主权和领土。在这种体制下，商王想控制住众多方国，就需要建立有一套切实可行的制度，于是就有了监视方国的制度。

从甲骨文中可以看出，一种名为"史官"的武官被常年派驻外地，在完成驻守边防任务的同时，也要搜集情报，随时掌握有关方国的动态。甲骨卜辞中，"史"也可通"使"，"帝史"即"帝之使"。派出使者无非是了解情况，洞察天下形势。故此，该使者的职责与今天情报官员的职责有部分相似。任命史官，当时称为"立史"。这种设官类似于今天设立边防军，首先是带有防御性质，目的是抵御外敌入侵，其次则是观察方国的情况，必要时还要向朝廷报告，以便及时处置。由商王朝派出的史官，有的是被派驻在方国境内，也有的是被派驻在方国与商朝的边界。从甲骨卜辞中，我们既可以看到"立史于某地"，也可以看到"立史于某方"。通过在方国设官，可以实现对方国的有效管控，既能及时获悉动态情况，也可以及早进行处置。通过在边界设官，既实现对方国的监控，也完成防御任务。在发现危急情况时，还要能够及时处置。如果遇到重大的突发情况，自己不能擅自处理的时候，就需要以最快的速度返回商王朝，向朝廷汇报，以便找到更为恰当的处理方式。商朝正是通过这种设置史官的特别方式，实现了对诸多方国的监控和管理。许倬云说："殷商王国的格局竟奠定了中华帝国体制的控制基本模式。"此后中国历朝，都多少受到了殷商这种监控制度的影响。

战国兵书《尉缭子》描述了"边县列候"现象，正体现出受到商代这种监控制度影响的痕迹。在《尉缭子·兵令下》中，作者说道："诸去大军为前御之备者，边县列候，各相去三、五里。" 在边境地区一定要留有担任警戒任务的人员，而且彼此相距三至五里，各自占领险要地形，及时侦察敌情。为了保证这种"边县列候"

制度得到很好的执行和延续，同时也制定了相应的规定和惩处措施。一旦发现擅自离开岗位的，就要给予一定的惩罚。士兵守卫边疆一年之后，不等接替的人到来就擅自离开岗位的，也应同逃兵一样治罪。父母妻子知道情况的，与犯人同罪。

至于秦汉时期开始设立的以亭、游缴、里正和伍老为主体的地方巡查和侦查体制，也可视为上古监控制度的延续。这些机构亭设置各地，负责搜集各种政情民情等，同时也负责各地的治安工作，非常类似于现代的公安机关和派出所，担负侦查案件、维护治安、缉捕盗贼的职责，也需要盘查过往行人，负责邮传和管理集市等。

（二）《六韬》有关情报的人员设计

《六韬》的成书年代，大致可推定为战国末期，不会早于赵武灵王胡服骑射之时。除了对情报工作格外关注之外，《六韬》还注意在指挥机构中加强情报人员的配置。

作者认为君主要想情况明，无所不知，就必须以天下之耳目去视去听："目贵明，耳贵聪，心贵智。以天下之目视，则无不见也；以天下之耳听，则无不闻也；以天下之心虑，则无不知也。"不仅是"耳目遍天下"，而且是天下人之耳目都为自己服务。天下耳目构筑成蛛网一样的情报体系，君主居于中心位置，好似蜘蛛蹲踞在他所编织的巨大情报网络的中心，天下四方的情报源源不绝地奔涌而来。

《六韬》主张，在指挥机构中应该加大情报人员的比例，相关论述见于《六韬·王翼》。该篇专门讲述类似今天"司令部"或统帅机构的组成、人员编制和所掌职守等，这些人实际是指挥机构中的各种业务参谋，是将帅的股肱羽翼，共计七十二人。其中有天文（三人）、地利（三人）、伏旗鼓（三人）、耳目（七人）、羽翼（四人）、术士（二人）等多种参谋人员与情报工作有关。主管天文和地利的参谋负责气象和地理情报，而其他参谋人员也各有情报职守：或伪造证件，制造假情报；或充当侦探，专事搜集情报；或进行间谍活动，掌握动态，等待事变；或负责对外宣传，制造舆论；或造谣惑众，涣散敌之军心。在全体人员之中，可归为情报战线的，几乎占据半数。所有人员，都是"因能授职，各取所长"。从情报人员的组织建制和职责分工中，可以看出作者对情报工作的重视程度，也可以由此推想先秦时期情报体制设置的一般情形。

（三）《周礼》有关情报的人员设计

《周礼》是战国时期诞生的儒家经典，同时也是一部关于官制的典籍。《周礼·秋官·士师职》有"士之八成"的规定："掌士之八成，一曰邦汋，二曰邦贼，三曰邦谍。"根据郑玄的解释，邦汋是"盗取国家密事，若今时刺探尚书事"。唐代陆德明说："汉时尚书掌机密，有刺探尚书密事，斟酌私敌，故举为况也。"邦谍"为异国反间"。专门刺探情报的人员，除上述这些之外，还有匡人、行人等。书中所列举的官职，有不少专门为情报而设，也有不少是与情报有着密切的联系，如侯人、环人及大、小行人等。

在《周礼》中，可以看出当时的情报活动也会有官员之间的协同，可以称之为"官联"或"同官联事"。尤其是遇有重大活动，此项活动一定牵涉多个部门时，就需要实行"异官联事"。专门和相关官员，均需参与其中。一官与一官相联，一官与数官相联，数官与数官相联等，属于寻常情形。

《周礼》具有丰富的军政外交和情报官制内容不是偶然的，依据的该是丰富的军政外交斗争实践，因此可从中管窥先秦时期外交和情报活动的实际情形。透过系统而完备的外交和情报官制，可以隐约窥探当时政治家们的运筹帷幄、外交家们的疲于奔命以及军事家们的刀光剑影。

第三章　中古时期：情报工作再发展

秦国完成统一中国的大业，虽说未能维持多久便宣告灭亡，但是"大一统"的政治理念毕竟已经付诸实践，而且逐渐深入人心。此后，努力建立统一帝国成为国人普遍认同和努力追求的政治目标。从秦汉到隋唐的中古时期，不时迎来分裂和动荡，却也在始终追求构建大一统帝国。在"分久必合，合久必分"的局面下，情报活动也非常发达，情报工作由此取得再发展。

一、致力于统一的情报工作和情报分析

中古时期的情报活动，大多围绕统一战争或是维系统一而展开，从而留下鲜明的特色，其中尤以韩信、羊祜及诸葛亮等人作为代表。苻坚在淝水之战中的情报失误也是典型案例。

（一）韩信与《汉中对》的情报分析

公元前210年，秦始皇病逝。接替他的秦二世昏庸荒淫，加上赵高专权乱政，内外政策失当，最终导致帝国走向瓦解。逐鹿中原的群雄中，最惹人注目的是刘邦与项羽。单论军事实力，似乎以项羽为强，但比较综合实力，则是难分伯仲。刘邦善于用人，而且他的手下，如萧何、张良、韩信、陈平等人，都是当时出名的谋士。下面重点介绍的是韩信。

韩信的用兵之道一向为人所推崇。楚汉相争之时，他得力于萧何的举荐而受到刘邦的重用，此后屡屡建功，为汉王朝立下了汗马功劳。他率领大军所向披靡，直至垓下全歼楚军，未尝败绩，堪称令楚军闻风丧胆的人物。

陈胜、吴广揭竿而起之后，韩信投奔了项梁，却一直不受重用。项梁死后，项羽仍未对其予以足够重视。后来他转投刘邦手下，依旧默默无闻，甚至差点因为犯罪被斩。因为韩信曾同萧何交谈过，萧何十分赏识他。但是韩信仍然不满意不受重用的局面，便想挂冠而去，于是便有了后来萧何月下追韩信的故事。刘邦看在萧何的情面上，同意任命韩信为将，甚至拜为大将。此后，韩信立即帮助刘邦客观分析了楚汉之间的实力对比。他首先针对刘邦和项羽的个性，进行了认真对比。韩信肯定了项羽骁勇善战、关心部属的一面，同时也看到了项羽"霸天下而臣诸侯"（《史记·淮阴侯列》）的一面，但也看到了项羽刚愎自用、排斥异己、任人唯亲和封赏吝啬等不足，更有滥杀无度、凶残暴戾和背信弃义的性格缺陷。项羽的很多行为已经引起了公愤，尤其是"背义帝之约"的行为，更是导致诸侯愤愤不平。根据这些分析，韩信一针见血地指出，项羽只是"匹夫之勇"和"妇人之仁"，虽在名义上是霸主，实际却早已失掉民心，没有受到广泛拥护。刘邦虽然暂时处于弱势一方，但一直能重用人才、重赏功臣、以民为本，刘邦因此更能赢得民心。再就双方的军事实力进行对比，韩信认为，项羽军队虽在人数和规模上占据很大优势，但刘邦的军队成分相对单一，上下团结一心。并且，项羽的统兵将领、谋士，与刘邦手下张良、曹参、陈平等相比，也存有明显差距。所以，从长远来看，项羽的实力必然会不断遭到削弱，而刘邦的实力则会不断上升，最终会由弱小变强大、由劣势转优势。

就地理形势而言，双方各有优劣。项羽占据着梁、楚九郡，刘邦则据有巴蜀、汉中之地。表面上看，项羽处于优势，占据了更广大领土，实则缺少天然屏障，极易受到攻击。相比之下，刘邦则是占据了险要地势。巴蜀、汉中之地关隘四布，形势险要。尤其是关中地区，地理条件更是优越。作为四塞之地，这里一直既利于固守，更利于出击。韩信分析认为，从汉中、巴蜀可以有两个方向向外拓展：一是北上出陈仓占据关中，还定三秦，而后伺机东进，并吞天下；二是南下折东自巴蜀顺长江上游东下，进入故楚之地，迂回进击项羽大本营。这两个方向，以前一个更具有可行性。总之，韩信通过深入的分析，为刘邦树立了由弱转强、夺取天下的信心："今大王举而东，三秦可传檄而定也。"（《史记·淮阴侯列》）历史证明，韩信的这些分析预测非常准确地预见了楚汉相争的结果，也为刘邦科学决策奠定了良好基础。

韩信曾经在项羽手下有过很长时间的任职经历，所以对项羽一方的重要情报掌握得非常清楚，尤其是对项羽的为人和性格特征等一清二楚。在投奔刘邦之后，韩信对刘邦一方的情况以及刘邦待人之道也有了一些了解，所以韩信能对刘、项之间做详细的对比分析，从而得出一个非常公允和客观的结论。韩信和项羽的这番对话，可简称为"汉中对"。韩信这番对谈，显示出其敏锐把握敌情的能力和出色的情报分析能力。在今天看来，韩信所留下的这些论述，实则就是一篇非常重要和具有典范意义的战略情报分析作品。在韩信看来，刘邦势力虽然暂时弱小，却拥有雄厚的政治资本，入关后"约法三章"，赢得了民心归附，未能如约"王关中"反被项羽赶到汉中，又使刘邦获得了广泛同情。这就为最终战胜项羽提供了可靠保证。韩信预见刘邦由弱转强、统一天下的乐观前景，刘邦则据此制定了东征以夺天下的基本方略，楚汉相争的局势也由此而发生彻底改变。楚汉相争，刘邦之所以能笑到最后，与韩信善于指挥作战有着直接关系。韩信熟悉项羽情况，并且对敌我双方的综合实力有较为客观的评判，使得刘邦树立了与之相争的信心。按照孙子的"庙算"模式，韩信对楚汉之间的优劣情况进行了认真的对比，在此基础上为刘邦制定了东征以夺天下的基本方略。这充分体现了韩信的远见卓识、独特的情报分析技巧和高远的战略眼光。

（二）诸葛亮和《隆中对》的情报分析

东汉末年至三国时期，各路豪杰争雄，情报斗争频繁。曹操、诸葛亮、周瑜都是谋略大师，在官渡之战、赤壁之战、曹操平定关西的战争中，他们都注意使用间谍刺探情报，使用谋略分化和离间对手。此外，他们都具有战略视野，能够知彼知己，对天下大势做出高明的判断。例如，曹操和他的谋士郭嘉，诸葛亮与刘备的"隆中对策"，孙权与鲁肃的"合榻对饮"，都对当时的力量和格局做出了准确判断，对三国鼎立局面的形成起到了重要作用。这其中最有名的当为"隆中对策"。

诸葛亮（181—234），汉代末年著名政治家、军事家，辅助刘备建立蜀汉政权，并出任丞相、录尚书事，后又领司隶校尉，谥"忠武侯"。诸葛亮所处时代正是三国乱世。乱世之中，诸葛亮展示了其卓越的政治才能和军事才能。作为"鞠躬尽瘁，死而后已"并且一生忙碌的诸葛亮，应该没有多少时间著述，但是相关诸葛亮的军政活动，《三国志》有不少记载。在军政斗争实践中，他注重侦察敌情，擅长分析和研判，从而形成了他独到的情报思想。需要重点提及的则是"隆中对"所体现的战略情报分析思想。

曹操消灭袁绍势力之后，逐渐统一北方。作为袁绍偏师的刘备，也被曹军击败，只得逃亡荆州，投靠刘表，暂得一夕之安。到达荆州之后，刘备通过徐庶和司马徽的举荐，得知隆中有位贤士名叫诸葛亮，具有安邦定国的韬略，便接连三次亲往求教，这就是"三顾茅庐"典故的由来。诸葛亮在刘备兴复汉室的雄心壮志感召下，终于答应出山，并且根据自己平时所掌握的战略情报，为刘备细致分析了天下形势，进而提出"先取荆、益州而成鼎立"的战略构想。刘备和诸葛亮见面之后的对话，收录在《三国志·蜀志·诸葛亮传》中，史称"隆中对"。总体上看，诸葛亮在《隆中对》所做的战略情报分析包括三个方面内容。

第一是敌我优劣对比。诸葛亮认为，曹操占尽天时地利，拥兵百万，而且是挟天子以令诸侯，所以"不可与争锋"。对手虽然实力强大，却不可随意妄自菲薄，丧失信心。诸葛亮认为刘备"帝室之胄，信义著于四海"，只此一点便可以在未来获得相当大的发展潜力。如果战略措施得当，那就一定可以逐渐走向强盛，获得和曹操争雄的机会。至于如何发展自身实力，诸葛亮也进行了分析：首先是依靠刘备"帝室之胄，信义著于四海"的声望，及时打出复兴汉室的旗号，逐步扩大政治影响力，同时也要积极招揽海内贤才，内修政治，发展经济，夯实基础，进而发展军事实力。

第二是对周边战略环境的分析。诸葛亮认为，在妥善处理对内关系、发展实力的同时，还要搞好对外关系，其中重点是搞好和"国险而民附"的东吴的关系，极力争取孙权，与其建立起稳固的"抗曹联盟"。至于其他潜在竞争对手，诸葛亮也一一进行了分析。比如割据荆州的刘表和占据益州的刘璋，都是昏庸无能之辈，刘备完全可以采取先礼后兵、避实击虚等战术，伺机夺取上述州郡，以作为建立功业的根本，进而与曹操、孙权三分天下。至于西边诸戎、南方夷越，则要极力进行安抚和拉拢，为日后北伐消除后顾之忧。

第三是对地理情报的分析。经过对天下地

理形势进行分析研判，诸葛亮判断认为"益州险塞，沃野千里"，故此可称"天府之国"，所以是首先要极力争取占领的。当年汉高祖也是因为占据这里而成就帝业，加上刘璋暗弱，正好是可以争取的地方。益州之地，易守难攻；荆州之地，四通八达。这两地正好可以互相呼应，互为支撑。

应该承认，诸葛亮在"隆中对"中基于基本战略情报对当时天下形势所做的分析和研判，基本上符合当时的客观实际，为刘备集团量身定做的战略决策，也是可行的。在"隆中对"中，诸葛亮从政治、经济、军事及领导层面等多个角度，对曹操、孙权等各方势力进行了深刻分析，从而得出了联合孙权，兼并荆、益，进而三分天下的战略构想。这一战略构想也因为其可行性而得到刘备首肯，成为刘备安身立命、建立帝业的关键，并被千古传颂。直到今天，它仍被视为战略情报分析和战略情报整编的典范之作。

（三）羊祜与《平吴疏》的情报分析

魏灭蜀之后，曹氏集团渐渐无法把持政权，司马氏集团在经过多年积累之后，已经越发地强大。公元265年，司马炎正式代魏称帝，改国号为晋。

在当上晋武帝之后不久，司马炎便将灭吴之事摆上议事日程。当时的东吴政权已经日见腐朽。孙权之孙孙皓并不会治理朝政，在继承祖业之后，一直醉生梦死，只知贪图享乐。这无疑给了晋武帝更大的信心和决心。司马炎一直积极练兵备战，希望尽快完成统一大业。当时，西晋政权内部对于灭吴之事的意见并不能取得完全一致。贾充等重臣担心吴军的水军实力强大，难以战胜，因而一直反对对东吴用兵。尚书左仆射羊祜等人则是积极支持南下灭吴，为晋武帝出谋划策。

羊祜（221—278），字叔子，青州泰山人，出身名门士族之家，西晋著名战略家、军事家和政治家。司马炎称帝时，羊祜因为有扶助之功，被封为中军将军，进爵为郡公，食邑三千户。但羊祜害怕由此而引起权臣的妒忌，只接受侯爵，其他封赏则坚决推辞。在得知晋武帝下定平吴之志后，羊祜便积极帮助筹划，献计献策。正是他及时地向晋武帝进献了著名的《平吴疏》，从而帮助晋武帝更加坚定了决心。

泰始五年（269），司马炎命令大将军卫瓘、司马伷分别坐镇临淄、下邳，同时又任命羊祜为荆州诸军都督，对东吴虎视眈眈，准备随时摧城拔寨，大举兴兵南下。当时，西晋和东吴的边界线以荆州一线为最长，所以羊祜所负责的地带是灭吴战争最为关键的地区。羊祜到任之后，发现荆州的形势并不稳固，军粮也不是十分充足，于是花了很多精力开发土地、兴办农业。羊祜深知情报先行的重要性，在积蓄力量的同时，他派出大量间谍，悄悄潜伏到对岸，积极搜集有关东吴的军政情报，为出兵东吴积极做着准备工作。每当与吴国发生纠纷之时，羊祜一向都对吴人坦诚相待。对那些前来投降的吴人，羊祜一般都是让他们自己决定去留，这反倒很好地聚集了人气，收买了民心。从他们的嘴中，羊祜也获得了很多富有价值的情报。

　　在平时，羊祜总会把军队分为两个部分，一部分执行巡逻和守备任务，一部分则用来垦田，发展农业。经过一段时间的努力之后，晋军的粮食储备非常充足，已经能够很好地保证后勤补给，在稳定了社会秩序的同时，也极大增强了军队的战斗力。在看到羊祜这些出色的政绩之后，晋武帝授予他南中郎将一职，并将江夏地区的全部军队都交由他负责指挥。

泰始六年（270），吴国任命陆抗为荆州都督，与晋军形成对峙局面。陆抗也是一个善于用兵的将领。在抵达荆州前线之后，他同样非常注意观察西晋的动向，陆续派出大量间谍，及时打探和了解羊祜及晋军的情况。不久之后，他上疏给吴主孙皓。在奏疏中，陆抗对荆州的形势表示出忧虑，提醒孙皓不要盲目迷信长江天堑，而应该认真备战，以防不测。羊祜很快也得知吴军更换主帅的消息。陆抗的到来，引起了他的警惕和不安。他一面加紧军事防务；一面向晋武帝密呈奏表，建议大力发展水军，做好发动水战的各种准备工作。司马炎听从了他的建议，布置手下一一落实。

羊祜还非常注意对东吴军民采取攻心战。有一次，部下在边界地区抓到吴军两位将领的孩子。羊祜知道之后，马上命令手下将孩子送回去。后来，便有吴将连同那两位孩子的父亲一起受到感召，前来归降。两军交战过程中，吴将被斩杀之后，羊祜因为他们有死节而厚礼殡殓，令吴将的子弟很受感动。还有的吴将是在战斗中被活捉，羊祜也是不计前嫌，一一放回。吴将在感恩戴德之余，便率领部下前来归降。西晋的部队行军路过吴国边境，因为补给之需，需要收割田里的稻谷补充军粮，羊祜每次都要根据收割数量用相同价值的布绢进行偿还。羊祜的这些做法，让很多吴人心悦诚服。为了表示对羊祜的尊重，吴国的百姓不称呼他的名字，只称"羊公"。

对于羊祜的这些做法，陆抗心中非常清楚，所以告诫手下将士说："彼专为德，我专为暴，是不战而自服也。各保分界而已，无求细利。"（《晋书》卷34）陆抗暗中也称赞羊祜的德行度量："虽乐毅、诸葛孔明不能过也。"一次，陆抗生病，羊祜得到消息之后，马上便派人把药送过来。吴将害怕其中有诈，劝陆抗不要服用。陆抗认为羊祜不是这样的小人，立刻服下。羊祜的这些怀柔政策，招揽了民心，安插了耳目，为日后进军平吴打下了很好的基础。

当时，晋、吴之间经常互通使者，并在私下里悄悄地往对方派遣间谍。羊祜对于这些使者一直都能优礼相待，并力争对其进行拉拢和收买。有一些间谍被成功策反。通过这些间谍之口，羊祐成功地挖出了那些深深潜伏的间谍，对吴国的情况有了更为充足的了解。由于羊祜一直非常用心地搜集吴国的情报，为他日后撰写《平吴疏》打下了很好的基础。

公元276年，羊祜上疏请求伐吴，这份奏疏就是著名的《平吴疏》。在奏疏中，羊祜积极建议晋武帝伐吴，在向晋武帝提供了一份有关吴国的战略情报的同时，也提出了极具针对性的进攻之法。

用今天的眼光来打量，羊祜的《平吴疏》就是一份非常标准的战略情报整编作品。在这份奏疏中，羊祜依靠自己多年来所搜集的有关吴国的各种军政情报，对晋、吴双方有关政治、经济和军事等各个方面情况，进行了非常详细的分析和比较，客观而又全面地比较了双方的优缺点，分析了战争的利弊。通过这种系统的比较和论证，最终得出了西晋必然覆灭吴国的结论，以此推动灭吴战争的发起。

羊祜对双方的军事实力进行了认真对比，他判断认为，当时的晋国无论是经济实力还是军事实力，都要远远强于吴国。他通过扎实有效的情报工作，充分做到了"知彼知己"，并在这分析研判基础上，积极寻找相对合理的进攻战法。

按照孙子"庙算"理论，在决定战争胜负的诸多要素中，首先要进行对比的就是政治清明与否，也即孙子所说的"主孰有道"（《孙子兵法·计篇》）。当时的晋国刚刚完成统一北方的大业，上下团结，气势如虹。相比之下，吴国则是政治黑暗，君臣上下离心离德。据史书记载："皓既得志，粗暴骄盈，多忌讳，好酒色，大小失望。"不仅如此，孙皓的荒淫无道甚至到了令人发指的地步。史书曾这样记载孙皓的恶行："后宫数千，而采择无已。又激水入宫，宫人有不合意者，辄杀流之。或剥人之面，或凿人之眼。"这种荒淫无道的统治，只能带来上下离心，没有人再肯为孙皓尽力，也即"盖积恶已极，不复堪命故也"（引文均见《三国志·吴书·三嗣主传》）。

由于出色的情报工作，羊祜对吴国这种黑暗政治非常清楚。在《平吴疏》中，羊祜写道："孙皓孙恣情任意，与下多忌，名臣重将不复自信，是以孙秀之徒皆畏逼而至。将疑于朝，士困于野，无有保世之计，一定之心。平常之日，犹怀去就，兵临之际，必有应者，终不能齐力致死，已可知也。"（《晋书·羊祜传》）为此，羊祜力劝晋武帝早日定下决心，排除一切干扰，立即展开伐吴的统一战争。

根据平时所掌握的山川地理情报及吴军的军力情况，羊祜在《平吴疏》中主张多路进兵、水陆俱下，必须从长江上游、中游、下游同时对吴国发起进攻。在多路进军的同时，还要尽量使用旗鼓来迷惑敌军，用各种方法来努力造成吴军的错觉，使其顾此失彼，无法自保。羊祜主张多用疑敌之计调动对手，是因为对敌军防守态势有很清楚的了解，所以才能想出这种诱使吴军分散兵力、四处告急的作战方式。羊祜认为，一旦等到吴军发生慌乱之时，就可以从益州和荆州方向发动总攻。针对吴国军队长于水战、短于陆战的特点，一旦晋军取得水战的胜利，则可迅速取得最终胜利。

羊祜的《平吴疏》是一份战略情报分析的典范之作，得益于他平时所做的极具针对性的情报工作。羊祜的情报工作为西晋实现统一大业起到了非常关键的作用，因此司马炎在平吴获得成功之后的庆功宴上仍然念念不忘地感叹道：此乃羊太傅之功也！

（四）淝水之战中苻坚的情报失误

司马政权的统一并没有维持多久，很快就又迎来分裂局面。"八王之乱""五胡乱华"之后，中国迎来又一段乱世。司马睿在建邺建立东晋，但也面临着苻坚的大军压迫。

太元八年（383），苻坚率大军南侵，打算消灭东晋以统一全国。苻坚命东晋降将朱序去劝说东晋将领谢石早日投降，但朱序与谢石见面时却私下悄悄地传递情报，他向谢石表示前秦大军未全部集合，应趁此时机击溃前锋部队，己方可以提升士气，也可以找到击败前秦的时机。谢石在谢琰劝说下接受朱序建议，在谢玄所派刘牢之击溃梁成的精兵后水陆并进。苻坚见其军容齐整，草木皆兵，心生畏惧。后谢玄向苻坚请求秦军稍退，让晋军渡水决战，苻坚接受并打算在晋兵半渡时进击，但朱序却在秦兵后退时在军后大叫："秦兵败矣！"秦军不知真假，人马自相践踏，死伤无数，淝水之战以晋军的大获全胜而告终。苻坚兵败后，前秦瓦解，北方地区重新陷入混乱纷争的局面。

苻坚的失败缘于战略决策的失算，在"知彼

知己"的情报工作上出现了重大问题。一方面，符坚没有看到各部豪强均与他同床异梦的实际情况，貌合神离的统一局面使他误以为自己很强大；另一方面，又低估了东晋政权的韧劲和战斗力。不知己，不知彼，反间谍做得也不好，让朱序能够以卧底的身份传递情报，加之又有错误的战略决策以及用人不当和战术失误等因素，终于导致秦军在接战之后便立即溃败。

在著名兵书《唐太宗李卫公问对》中，记录了唐太宗李世民和李靖的君臣对话。他们二人在论述这段历史时，认识上稍有不同。李靖说："无术焉，符坚之类是也。"唐太宗却认为符坚的失败在于没有做好"庙算"。他说："孙子谓多算胜少算，有以知少算胜无算。凡事皆然。"同样的战例，李靖看到的是符坚的"无术"——缺乏作战指挥能力，而太宗看到的却是符坚的"无算"——缺乏战略分析和决策能力。

二、衰世和乱世的情报工作

公元618年6月，唐王李渊逼隋恭帝禅位，建立大唐。唐代最大的边患来自突厥。为了对付突厥，李唐政权曾想到以胡制胡的手法。没想到安史之乱还是爆发了，对统一强盛的政权造成了沉重打击。在这场平定内乱的战争中，大唐王朝几乎耗尽了全部的气力，情报在平叛中也起到了一定的作用。

（一）安史之乱中的情报战

安禄山本是胡人，长得人高马大，身形魁梧，一直以凶猛善斗闻名，外表给人以憨厚耿直的印象，内心却非常狡猾凶顽。他和史思明是儿时的玩伴，没想到后来居然联手在历史上玩起了大波浪，制造了著名的"安史之乱"。

开元二十八年（740），安禄山遇到当时担任河北采访使的御史中丞张利贞，立即百般献媚，多方贿赂。张利贞后来果然极力在朝廷替他美言，安禄山重新在政坛坐上顺风船，历任营州都督、平卢军使、顺化州刺史，官越做越大。由于在张利贞这里尝到巴结权贵的好处，安禄山更加着意逢迎结交，对过往的朝廷使者，安禄山都不惜重金，暗中贿赂。这些使者回朝之后，都众口一词地一再称赞安禄山的贤达，就这样，安禄山终于受到唐玄宗的青睐。天宝元年（742），安禄山被任命为平卢节度使。

安禄山很快得知杨贵妃和李林甫最受唐玄宗恩宠，便竭尽所能地进行讨好。安禄山每次入朝，都是先拜杨贵妃，后拜唐玄宗，这让唐玄宗感到非常奇怪，便询问其中缘由，安禄山回答说："臣是蕃人，蕃人先母而后父。"（《旧唐书·安禄山传》）看到安禄山肥胖如牛，唐玄宗便问他肚子里有什么，安禄山回答说，只有忠于大唐的一颗赤诚之心。就这样，安禄山逐渐受到唐玄宗的重视。而李林甫看到唐玄宗对安禄山宠爱有加，就更加着意加以提携，希望将其发展为自己所倚重的力量。安禄山也正好需要在朝廷寻找靠山，二人就这样一拍即合。

安禄山显然并不满足于已经取得的地位和利益。他高度关注朝廷的动向，希望及时得到对自己有利的情报。为此他更加注重在朝廷中培养自己的眼线，不惜重金贿赂和收买那些信使和情报官员，好让他们为自己服务。为了及时搜集有关朝廷的重要情报，安禄山甚至让自己的心腹爱将刘骆谷长期驻守在京城，并且串通李林甫，及时搜集有关唐玄宗和唐王朝的重要情报。一旦有不利于自己的事情发生，他都能及时获悉，从容应对。安禄山很快与杨国忠手下一名唯利是图的小人吉温沆瀣一气。吉温欲回长安之时，安禄山亲自为其牵马相送。吉温答应安禄山，只要得到任何有价值的重要情报，都会立即报告给他。

为了壮大实力，安禄山开始觊觎河东之地。他每年都向朝廷进贡大量珍宝，以此博取杨贵妃的恩宠。有时候，他甚至不惜制造边境冲突，然后又将契丹等少数民族酋长的首级献于朝廷，以此博得唐玄宗的信任。唐玄宗对安禄山倍加宠待，于是下令把河东节度使韩休珉改任左羽林大将军，命安禄山取而代之。至此，安禄山已经兼任三郡节度使，地位日隆，渐渐地就自恃权重而萌生反叛之心，意欲与唐玄宗平起平坐。

安禄山不停地向朝廷要求加官晋爵，唐玄宗起初尚能应允，渐渐地就感觉出苗头不对。这时候，杨国忠"屡奏禄山必反"（《旧唐书·安禄山传》）。唐玄宗为了进行查证，派辅璆琳前去打探情况。安禄山提前得到间谍密报的消息，立即重金贿赂辅璆琳，让他在皇帝面前极力称赞自己的忠心。杨国忠对唐玄宗说，安禄山这个时候做贼心虚，如果召他入宫的话，他一定不敢来见。没想到这一情报很快就被安禄山安插的间谍得到，安禄山察觉出杨国忠与自己作对，便在得到召见之后，立刻前往京城殷勤拜见唐玄宗，极力消除皇帝的疑心，至少是不再听信杨国忠的提醒。在华清宫，安禄山向唐玄宗哭诉，认为自己是因为加官晋爵，而受到杨国忠陷害。唐玄宗看到杨国忠所说的话不实，便不再听从杨国忠的劝告，反而对安禄山更加亲密和器重，加封为左仆射。从此以后，凡是再有提醒安禄山谋反的人，唐玄宗都一概置之不理，甚至捆绑起来交给安禄山处理。如此一来，再没有谁敢在唐玄宗面前说安禄山的坏话了。

既然安禄山心怀反叛之心，便自然对朝廷采取非常严格的保密措施。朝廷但凡派来使者，他一般都称病不出。即便是迫不得已需要会见的，也是戒备森严，刀枪林立。这个时候，杨国忠让京兆尹包围安禄山在长安的住宅，搜查其谋反证据，并逮捕了其门客李超等。安禄山闻讯后，心存恐惧，加紧做好叛乱的准备工作。公元755年11月，安禄山伪造诏书，以"清君侧"为名，联合史思明，公然举起反叛旗帜。

郭子仪（697—781），华州郑县（今陕西渭南市华州区）人。安史之乱爆发时，他担任朔方军节度使。唐肃宗时，兼任武部尚书、天下兵马副元帅，为平定安史之乱立下了显赫战功，也为抵御吐蕃入侵做出了重要贡献。

公元757年，由于发生内讧，安禄山被李猪儿杀死。随后，李猪儿矫称安禄山传位给安庆绪。安庆绪昏庸无能，所以当他继位之后，叛军立即人心浮动，众叛亲离，离土崩瓦解之日已经为时不远。

安禄山死后，唐肃宗希望抓住机会大举反攻，立刻收复失地。郭子仪受诏率军收复长安和洛阳。但是，当时的叛军主力都聚集在长安和洛阳二都附近，郭子仪所指挥的唐军并不占据什么优势，只有找到合适的突破口，然后再实施各个击破，才有可能以最快的速度夺回二都。当然，此举也具有一定风险。如果稍有不慎，就很可能会遭到叛军东西夹击，唐军难免会腹背受敌，立刻陷入苦战。

为了确保万无一失，郭子仪派出间谍，联系被迫投降的原唐朝官员河东郡司户韩瑗等人，希望他们能戴罪立功，作为内应，帮助唐军尽早顺利地收复失地。韩瑗原本就是被迫无奈投靠了叛军，与叛军并不是一条心。看到郭子仪派来间谍联络，立刻与其密谋倒戈计划，并自愿充当唐军的内应，在郭子仪进兵时予以配合。

做好这些准备工作之后，郭子仪率领大军，一直逼近河东之地。按照约定，韩瑗在城内做好接应工作。他率领部下杀死守城叛军，打开城门，唐军迅速进入城内。叛军被杀死近千人，守将崔乾祐仓皇出逃。郭子仪收复河东之后，又指挥大军乘胜追击，在安邑附近斩杀叛军主力万余。这之后，郭子仪再率军渡河南下，占领潼关。8月，唐军占领长安，10月收复洛阳。

郭子仪连续率军收复两京，为彻底平定叛乱立下了汗马功劳，因此被唐肃宗提拔任命为天下兵马副元帅。没想到的是，公元762年四月，唐肃宗去世，太子李豫即位，是为唐代宗。这时候，朝廷内部并没有因为平息了安史之乱而获得新生。相反，腐败问题日益突出，大唐王朝已经显露出一派败亡的迹象。郭子仪由于平叛有功，竟然受到许多奸佞小人的猜忌和排斥。宦官李辅国伙同程元振，巧行离间之计，奏准罢免了郭子仪副元帅之职。

叛军首领史思明听说郭子仪被夺去兵权后，便于759年5月，重新发难，并攻占洛阳。唐代宗李豫不得不重新起用郭子仪。郭子仪率军联合回纥军夺回洛阳。叛军首领史朝义败走莫州（今河北任丘北）。其部下田承嗣、李怀仙等率部向官军投降。史朝义看到众叛亲离，走投无路，遂上吊自杀。至此，延续八年的安史之乱才算完全平定。

安史之乱虽然得到平息，但它足以使得唐朝由盛转衰，国力从此虚弱不堪。公元763年，吐蕃乘虚而入，大举深入内地，占领了陕西凤翔以西、邠州以北的十几个州郡，并进一步逼近长安城下，吓得代宗只得逃往陕州避难。吐蕃兵占领长安，纵兵焚掠，将长安城洗劫一空。

危急时刻，郭子仪再度奉诏迎敌。郭子仪接到诏书时，只有骑兵二十人。在洛阳到武关的路上，他收拾散兵游勇四千余人。到达陕西蓝田时，各路勤王之师才相继到达。

郭子仪深知敌强我弱的形势，决定采取声东击西、虚张声势之计，与吐蕃军周旋。他派长孙全绪带领二百轻骑，到蓝田城北面，白天擂鼓呐喊，夜晚燃起火把，虚张声势，以牵制吐蕃主力，自己则暗中亲率主力杀向蓝田城西。与此同时，他又秘密派遣禁军将领王甫悄悄地潜入长安城内行间。入城之后，王甫暗中发动了京城中少年豪侠作为内应。郭子仪在城外集中兵力，奋勇攻城，而城中内应及时接应，吐蕃兵一时之间不知唐军到底来了多少兵马，立刻陷入恐慌之中，慌忙撤离长安。就这样，长安城在失陷十五天之后，被郭子仪成功收复。

公元764年，仆固怀恩公开反叛，他联合吐蕃、回纥、党项军共同发难，京城陷入一片惶恐之中。唐代宗紧急召见郭子仪，询问抵御戎兵之计。郭子仪认为，仆固怀恩虽然号称骁勇，但他平素不得人心，因此唐军可以坚守不出，等对方发生内讧之时再出兵。此后，唐军加固城墙，严阵以待。不久之后，叛军果然如郭子仪所料，悄悄地撤兵了。

唐代宗永泰元年（765）八月，仆固怀恩不甘心失败，又勾结吐蕃、回纥、吐谷浑以及山贼等三十万大军，卷土重来，直扑长安。唐代宗只得再次急召郭子仪回京商讨退敌之策。

当时，郭子仪手下仅一万多将士，被敌军重重包围在泾阳。他命令部队坚守不出，自己则亲率骑兵出城认真侦察敌情。郭子仪探知仆固怀恩在行军途中暴病而毙，叛军正处于群龙无首、各自为战的境地，便想到了用反间计退敌的办法。经过一番研究之后，他决定派自己的得力牙将李光瓒充当间谍，前往回纥大营进行游说。回纥王药罗葛听说李光瓒是郭子仪派来的，非常疑惑，因为他此前听说郭子仪已经去世，所以希望能亲眼见到郭子仪。得知这一情况，郭子仪决定亲自到回纥军营对回纥王进行游说。听说郭子仪将要出去会见回纥将领，诸将都极力劝谏。郭子仪不为所动，只带着几名随从出发。这时候，郭子仪的儿子急忙赶来，拦住马头大哭劝阻。郭子仪只得扬起马鞭，照着儿子的手上抽去，喝令他立刻闪开，然后纵马出城。回纥首领药罗葛害怕唐军用计，赶紧叫部下摆开阵势，并搭弓上箭，准备射击。郭子仪看到这个场面，干脆脱下盔甲，把武器也扔掉。回纥首领看到这种情形后，便赶忙上前迎接郭子仪。

郭子仪此前曾带领过借来的回纥兵，在回纥人心目中有着很高的威信，回纥人一向称他为郭令公，以表示对他的尊敬。看到郭子仪果真来到自己的大营后，他们立刻一齐向他跪拜。药罗葛表示，他们只是受到了仆固怀恩谎话蒙骗，既然郭令公尚在人世，便不再和他们联合。郭子仪则令其反戈一击，将功赎罪。药罗葛终于被说服，他答应与唐军一起，共同对付吐蕃军队。郭子仪于是赠送药罗葛锦彩结欢，并且结盟宣誓和好如初，约定共同袭击吐蕃。

郭子仪回到大营之后，便派遣朔方兵马使白之光率军与回纥会师一处，商讨共同攻打吐蕃的计划。吐蕃得知这一消息之后，吓得当天夜里就慌忙逃跑。回纥与白之光一路穷追不舍。郭子仪也亲率大军随后掩杀，终于在灵武台西原大破吐蕃军，"斩级五万，俘万人"（《旧唐书·郭子仪传》）。经此一役，吐蕃元气大伤，此后再无力对唐朝进行袭扰。

（二）衰世情报活动的兴起

将近八年的安史之乱，将唐王朝由盛世带进了衰世。后来，这场内乱虽然得到平息，然而藩镇割据的局面不能得到有效遏制，一直成为中央政权的心腹大患。唐代宗、唐德宗都曾下令削平藩镇，但先后遭到失败。只是到了唐宪宗李纯执政时，削平藩镇的斗争才取得了一些实质性的进展。

当时，唐宪宗为了与藩镇割据的局面做斗

争，先后起用力主削平藩镇的武元衡、裴度为相，并于元和九年（814）冬，果断下令出兵讨伐淮西吴元济。此举立刻引起了各地藩镇的恐慌。为了对抗朝廷，他们先后组织多起间谍活动，企图阻止朝廷的削藩行动。

元和十年（815）六月，王承宗、李师道都先后派遣间谍刺杀宰相武元衡，同时下令刺杀裴度。结果，武元衡在早朝的路上惨遭刺客杀死，首级被斩。与此同时，裴度也遭到刺客的袭击。袭击中，裴度身中数剑，因为防护得力，只是轻微受伤。裴度侥幸得以脱逃，还因为从人王义的拼死相救。当刺客挥剑继续追赶裴度时，王义拼死拽住刺客，并且疾呼救命，刺客看到裴度坠入河中，认为他已经毙命，裴度因此才侥幸保全性命。

接连发生刺杀案件，让朝廷上下人心惶惶。唐宪宗也感到非常震恐，立刻下令悬赏追捕凶手。没想到刺客反而更加嚣张，他们大量投书于道旁说：“毋急我，我先杀汝。”（《新唐书·武元衡传》）朝廷的吏卒看到这种情形，也不敢再对刺客进行穷追猛打，采取了暗中纵容的政策，睁一只眼闭一只眼。看到这种局面，兵部侍郎许孟容对唐宪宗说："国相横尸路隅而盗不获，为朝廷辱。"（《新唐书·武元衡传》）唐宪宗于是下诏："能得贼者赏钱千万，授五品官。与贼谋及舍贼能自言者亦赏。有不如诏，族之。"（《新唐书·武元衡传》）这时候，有人献计劝唐宪宗罢免裴度，以安抚藩镇之心。听到这些话之后，唐宪宗大怒："吾用度一人，足以破此二贼矣。"（《旧唐书·裴度传》）在这之后，裴度被唐宪宗任命为宰相，同时被授予对淮西用兵的大权，主持削平藩镇的工作。

裴度上任之后，立即撤去监军太监，亲自赶往前线督师。裴度极富谋略，他在前线认真观察了敌情之后，认为只要用人得当，就一定可以击败吴元济，进而取得平定淮西的胜利。

公元816年，唐宪宗任命李愬为隋唐邓节度使，负责讨伐淮西的吴元济。李愬是名将李晟之子，一向富有韬略，同时深谙用间之术。当时，负责指挥淮西战事的袁兹因为督军不力，导致前线战事不利，故此，经过朝廷大臣举荐，唐宪宗和裴度果断选定李愬，担负起剿灭淮西吴元济的重任。

元和十二年（817），讨伐淮西的战事进入了最为关键的一年。五月，唐宪宗下令停止对成德用兵，集中力量先平定淮西。李愬在关键时候走马上任，但是形势对他却极为不利。由于此前唐军接连受挫，前线将士对战胜吴元济并没有信心，士气低落。那些将士本来就不愿意出力奋战，再看到朝廷派来一位年轻的指挥官，唯恐李愬急于求功，使自己早早丧命。

有人建议李愬应当赶紧去整顿军队，李愬并没有听从。他认为叛贼刚刚获胜，正处于麻痹大意状态之中，正是可以利用之机。于是，李愬欺骗三军说，自己性格软弱，能承受战败之耻，所以才来进行抚慰，也不至于会作战。兵士们都相信了他的话，因此都很高兴。就这样对于受伤的士兵，李愬亲自安抚他们，对于部队的军纪却不闻不问。在当时，藩镇割据政权为了及时打探朝廷动向，派出了大量间谍刺探唐军的重要情报，以至于到了"兵谍杂以往来，吏不敢辨"（《旧唐书·李师道传》）的程度。李愬觉得这正是可以借用的机会。针对朝廷严密搜查间谍的做法，李愬反其道而用之。他对敌军间谍采取宽容的政策，一方面力争使其为我所用，通过他们获取有关藩镇的重要情报；另一方面则可借其之口，为自己传递假情报，用以麻痹敌军。因为李愬能厚待这些间谍，"谍反以情告愬，愬益知贼中虚实"（《旧唐书·李愬传》）。

吴元济此前曾经连续打败前来讨伐的唐军，此刻又通过间谍得知朝廷派来毫无名望的李愬，并不是他所畏惧的对手，而且还得知这李愬并不懂得如何治军，立刻放松了警惕。李愬见安定军心和麻痹敌军的目的已经初步达到，便开始悄悄地加强训练，做好作战准备。

李愬非常注意利用抓捕到的敌军将士，让他们为自己提供有关藩镇的重要情报。唐军先前曾俘获了叛贼将领丁士良，便召他来进行审问。在审问的过程中，他发现丁士良言辞出众，而且很有气节不肯屈服，忍不住赞叹他为大丈夫，然后亲自动手解开了捆绑在他身上的绳索。丁士良很受感动，终于对李愬介绍了一些关于藩镇的重要情报。他告诉李愬，可以诱使吴秀琳前来投降。李愬听从了他的建议，派他前往抓捕陈光洽。由于丁士良非常熟悉陈光洽的活动规律，很快便利用陈光洽出城兜风的机会抓到了他。看到陈光洽被唐军抓捕，吴秀琳果然很快就率领三千兵士前来投降。

吴秀琳投降时，李愬单人独骑与他进行谈话，并亲自解开捆绑他的绳索，任命他为秀衙将。吴秀琳出于感激，告诉李愬，必须得到李佑，才能击败叛贼。李佑是叛贼的骑兵将军，有胆识有才略，守卫兴桥栅，常常侮辱和蔑视官兵，来去无法防备。李愬召来他部下的将军史用诚，告知可利用李佑率军队收割麦子的机会，设下埋伏。史用诚等按照李愬的布置，果然顺利擒获李佑。看到李佑被俘，李愬亲自为其松绑，并施以宾客之礼。这时候，有人向朝廷告密，说李佑是敌军间谍，潜伏在唐军大营作为吴元济内应，一旦有机会就会构成危害。李愬担心这些言辞会妨碍自己的破敌计划，干脆将李佑押送京师，同时密奏唐宪宗说，希望能将李佑释放。唐宪宗听从了这一建议。李愬立即任命李佑为散兵马使，允许他佩刀巡视警戒，可以自由出入中军帐中，对他一点也没有猜忌防范。李佑由此而对李愬心悦诚服，死心塌地辅助李愬。李愬在空闲时经常召见李佑，"屏人而语，或至夜分"（《旧唐书·李愬传》），借此更清楚地了解叛军的内部虚实情况，为攻取蔡州做好了周密的准备。

　　李佑向李愬献计称，吴元济的精兵都驻扎在

洄曲（今河南商水西南）和四面边境，把守蔡州的不过是一些老弱残兵。不如抓住其空隙，直攻蔡州，活捉吴元济。李愬和李佑进一步制订了秘密偷袭蔡州的计划，并把这个计划秘密派人报告裴度，得到裴度的支持。随后，李愬命令李佑、李忠义带领精兵三千充当先锋，自己率中军、后卫陆续出发。除了李愬、李佑等少数几个人，谁也不知道大军将会开赴何处。就这样，李愬大军一路顶风冒雪，直扑蔡州，直至兵临城下之时，敌军尚且晏然无一人知晓。李佑率先登上城墙，将守城军士杀死。李愬大军攻入内城之时，吴元济尚且在睡梦中。等他再想组织反抗时，一切都为时已晚。看到大势已去，吴元济只得投降请罪。

李愬奇袭蔡州取得成功，并非出于偶然。除了治军有方、策略得当之外，李愬善用间谍也是其中一个关键因素。为了搞好敌情侦察工作，他敢于重用降将，由此更加方便地探知敌情，从而用较小的代价换得最大胜利果实。

三、中古情报机构和运行机制

按照《孙子兵法》的情报观，地理情报是

和敌情同等重要的军事情报，必须要用心搜集，所以在我国很早就有地图出现，设有专门的"兵曹"。后来，绘制地图的任务，长期由兵部职方司担任。从汉朝末年开始，情报机构对内职能已经开始逐渐受到重视，为明清时期更为极端的特务统治埋下了伏笔。

（一）职方司与地理情报

西汉时期已经出现了大将军幕府指挥机构，其中除设有指挥全军的大将军外，还设长史参与军事谋划。东汉末年袁绍军中设有大将军府，府下设各种业务机构，称"曹"，包括主管作战训练的"兵曹"，主管情报的"贼曹"，主管运输的"尉曹"，主管后勤供应的"金曹""仓曹"，还有主管人事的"东曹"，主管邮驿的"法曹"，等等。据《魏书·武帝纪》载，建安三年（198）正月，"初置军师祭酒"这一幕僚机构。设有三级人员：第一级为"军祭酒"，即高级幕僚，参与军机决策；第二级为"军谋祭酒"，即军事幕僚，负责文书起草，也参与出谋划策；第三级为"军谋祭酒掾属"，简称"军谋掾"，即军事幕僚的属员，协助军谋祭酒做文字工作等。在袁、曹的军队之中，已经有了参谋机构的雏形，至于参谋人员也要求更加专业，能谋善断。

能否绘制作战地图，在今天被视为体现参谋人员专业素质的重要考察指标，在中国古代，也同样是情报官员所需要掌握的一项必备技能。《孙子兵法》为代表的古代兵书，强调的是大情报观，地理情报是和敌情同等重要的军事情报，所以必须要用心搜集。我国很早就有地图的出现，到了隋唐时期，绘制地图的技术已经非常发达。隋唐时期的兵部职方司，是面向全国的地图管理部门和相关常设机构，主要负责军事测绘和传递军情。自此之后，历代兵部职方司大体都是这个规制，既需要担负起汇总军情、处置军情的重要职责，也需要修编地图。明末著名将领袁崇焕就担任过兵部职方司主事，既然担任这个职务，那么他也确实有责任和义务前往各地考察地形和军情。所以，他上任之后的第一件事就是考察山海关的山川地形，考察前线敌情。

在正常情况下，职方司每隔五年就需要大规模修编地图，并将地图及相关记述文字一并上报。至于各州县，则需要每隔三五年就向中央条陈、造送地图，如果遇到州县增废，则需要随时修改地图并及时上报。各战区的军事测绘，一般都由各地军事长官负责，由幕僚中的行军司马、户曹、兵曹等具体实施。曾经担任过河东节度使都虞候的李筌在其兵学著作《太白阴经》中，就记述了对城堡进行测量的方法，并详细描述了水平仪的构造和使用方法，说明李筌也曾对相关技术有过扎实研究。

（二）情报机构对内职能渐受重视

古代中国设有各种安全机构，都是为了维护君主的专制统治。春秋战国时期，先秦诸子已经提出设立密探和严密侦察的思想。他们的主张，在后世慢慢受到政治家们的重视。尤其是到了封建社会末期，偏重于内部安全的情报机构越来越趋于发达，成为中国古代史中一个独特现象。在中古时期，情报机构已经注意加强了对内职能，用以维护皇权，实现集权统治。

东汉末年，在政局动乱、诸侯割据的局面下，曹操挟天子以令诸侯，逐渐统一北方。在长期的征战中，曹操不断收降纳叛，实力不断壮大，却也使得将士来源变得复杂，不易控制。尤其是在其缺少绝对统治力的初期，身在曹营心在汉者，更是大有人在。比如官渡之战后，曹操就搜获大量书信，证明许多文武将吏都与袁绍保持着密切联系。于是，为了加强对军队的管控，曹操开始设立"校事"，以之作为自己的耳目，维护军队的稳定，加强对手下的控制。从这个性质来看，校事其实是军中的反间谍机构。吕思勉就曾明确指出：校事就是特务，"魏、吴之校事，着实在于检将吏之贪纵，有如近代法西斯所为"。可以说，校事作为维护专制政权的工具，其实是明代厂卫制度的久远的源头，也可以说是近代秘密警察制度的发端。

曹操此举后来为孙权所效仿，东吴的"中书"，虽则和曹魏集团的名称不一，工作性质则是相似的。中书的管辖范围很广，渐渐成为皇帝最为宠信的臣子和最为得力的助手。除了中央设有情报机构之外，地方也设有情报机构。比如"察战"就是设立在地方的固定的情报官员。吴国在边境地区同样设立有反情报机构，名曰"刺奸屯"。每屯设有固定的贼曹担任长官，手下配有"刺奸"若干名。这些情报人员非常忠于职守，甚至在边防军队都完全撤离之后，仍然坚守岗位，不惧任何危险，为情报工作积极做着贡献，故此才会出现"江边空旷，屯坞虚损，惟有诸刺奸耳"（《三国志·吴书·贺全吕周钟离传》）的情况。可能正是这个原因，"刺奸"这一边防情报组织后来曾长期被历代政权所沿用。

南北朝时期，皇帝为了实现对部下的控制，曾设立"典签"。典签的权力很大，能够直接影响官员升迁乃至是身家性命。比如宋文帝就曾经因为听信典签所密报的情报，将功臣檀道济杀死。皇帝需要了解情况时，就立即找来典签，于是渐渐造成典签权倾一时的局面。在齐明帝时，典签权力越发膨胀，乃至于"诸王见害，悉典签所杀，竟无一人相抗"（《南史》卷四十四）。典签因为权力膨胀，变得越发放肆，甚至把侦察手段用到皇室之中，胆敢对皇子和诸王实施监控，渐渐引发众怒，典签也会因此而丢掉性命。进入梁代以后，典签制度逐渐废除。

唐代李辅国当政时，建立了"察事厅子"，也称"察事听儿""察事"，用以监视官员的活动。据《旧唐书·李辅国传》记载："（李辅国）常在银台门受事，置察事厅子数十人，官吏有小过，无不伺知，即加推讯。"《旧唐书·李岘传》也载："李辅国判行军司马，潜令官军于人间听察是非，谓之察事。"后来李岘为相，将这些行为视为李辅国专权乱国之举，于是将察事全部罢免。唐德宗时期，令金吾侦察百官动静。据《旧唐书·裴度传》记载："初，德宗朝政多僻，朝官或相过从，多令金吾伺察密奏，宰相不敢于私第见宾客。"可见监控制度，已被当朝皇帝所借鉴和采用。

唐代中期出现了武德司，负责处理皇宫日常事务。其长官武德使官位虽低，仅为正七品，但均由皇帝的贴身心腹担任，发挥皇帝"耳目"的作用，实际上已经成为有能力影响到政局的具有相当大实权的人物。后唐庄宗时史彦琼为武德使，史彦琼虽说是"以伶官得幸"，但能够被皇帝"待以腹心之任"（《唐书·庄宗纪八》），故此能够作威作福。至后晋、后汉时，武德司更是对"宿卫诸将"和枢密院都形成了相当的制约。不过，在后周时期，武德司已经归于沉寂，在防范"陈桥兵变"的过程中没有发挥任何作用。当时，兵变已经是箭在弦上，内廷却浑然不知，这说明赵匡胤的保密工作做得非常充分，也说明武德司作为皇帝的耳目，至此已经完全瘫痪。

第四章　近古时期：对内情报的加强

美国学者刘子健指出，中国文化在宋代发生了一次重大转型，即从外向的汉唐文化转向内向的宋明文化。[①]如果从情报史角度进行考察，刘子健所论也有几分道理。因为在这期间，统治者悄然加强了对内情报活动，从宋代的皇城司，到明代的锦衣卫，都是为了加强对内的特务统治而设。清朝统治者利用密折制度加强对臣民的控制，更是将这种统治之术发挥到了极致。

一、从皇城司到锦衣卫

宋明之际，统治者为了加强对内情报活动，也在机构上进行巧妙设置。众所周知，明代设置

---

① ［美］刘子健：《中国转向内在——两宋之际的文化内向》，赵冬梅译，江苏人民出版社，2017年。

锦衣卫是其走向专制和集权的一个重要标志。其实它的前身可以追溯到宋代的皇城司。也就是说，对内趋紧的御民之法，从宋代就已开始，明清时期则是有了进一步的发展。

（一）宋代情报搜集职能的实现

说起宋代，首先要提及的机构是枢密院。它萌芽于唐朝中后期，专门为情报传递而诞生。这个机构鼎盛于五代，到北宋时期更是成为最重要的中枢机构，至于情报工作，始终是该机构需要完成的重要职能。

宋代枢密院与中书门下分掌军令与政令，号为"二府"，为总理全国军务的最高机构，各地的地形地貌情况、边防建设和军机要事等都要及时上报，并且汇总于枢密院，供战争决策时参考。边防遇到紧急情况之时，边将更需要及时汇报敌情，以供朝廷决策时做依据。枢密院将有价值的情报上奏朝廷和皇帝，等待进一步的指示。在宋代，枢密院一度是主管情报的中枢机构，至于地方军情则由安抚司负责掌管。不仅如此，安抚司还需要负责暗探人员的选募和派遣等。比如，从史籍中可以看到，在神宗熙宁十年（1077），枢密院曾要求地方的安抚司选派使臣，尤其是选出那些谙熟敌情，而且尽心尽力的人员，委派长吏连同招募的土著刺探各种情报。为保证军情不被泄露，宋朝在地方州军设立机宜司，机宜司的职责，就是专掌本州边境军要机密之事。

当遇到战事紧张之时，枢密院各种事务便会非常繁杂，军事情报工作也会交由机速房负责。机速房的前身是御营使，一度把持兵柄。建炎四年（1130）六月，高宗宣布："罢御营使及官属，而以其事归枢密院为机速房焉。"（《建炎以来朝野杂记》卷三四）机速房的日常职能也由此而定下基调：边防紧急事务的传递，军马的调拨和部署，安排和派遣刺探情报的间谍并部署传递情报的日常安排，发现各种奸细，发放通行证，等等（《宋会要辑稿·职官六》）。当然，机速房并不是一个常设机构，它的存废完全视战争形势以及南宋的财政状况而定。

宋朝建立初期，宋太祖赵匡胤亲自选择左右亲信之人，派遣他们"周流民间，密行伺察"（《续资治通鉴长编》卷一九七）。不久之后，宋太祖再设武德司，开始堂而皇之地布置谍网，进一步加强对臣民的控制。太平兴国六年（981），武德司改名为皇城司。皇朝卒则被称为探事卒，俗称"察子"。据《文献通考》卷五八载："皇城司系专掌禁庭出入，依祖宗法，不隶台察。"也有一种说法是，皇城司本来就是为了专探军中事，即"周知军事之机密与夫大奸恶之隐匿者"（《续资治通鉴长编》卷三七五）。但是，其职能会不断扩大，比如查办民俗异事及谤议朝政之人，侦察官吏的不法行为，并予以缉捕等。这个机构既不隶属于政府系统，也不受官僚集团的掣肘，完全秉承皇帝个人的意志行事，所以才能对各级官员和广大民众形成很好的监控。只是在很少情况下，皇城司的活动才会受到枢密院的部分节制。

皇城司负责拱卫京师，充当皇帝的亲军卫队，但实际上，皇城司更重要的职能，是充当国家安全机构，承担对内监视、对外防谍的安全职能。作为军中的反情报机构，它需要监视"宿卫诸将"，防止类似于陈桥兵变之类的事件再度发生，它同时也是皇帝的耳目，侦察京城中的一切动向，真正成为皇帝的"耳目之司"。此外，皇城司也负责侦察潜伏在京师的外国间谍的活动情况。当时，京城聚集了全部重要政府机构，是最接近中枢首脑的地方，这里因而成了各国间谍会集之地。因此，皇城司需要担任反间谍的职能，负责抓捕各种暗探。在执行其他任务时，皇城司也会负责保密工作。比如重臣出使时，身边都会有皇城司的人相随，确保其不会发生泄密事件。

南宋时期继续沿用北宋旧制，皇城司仍然是监控臣民的利器。绍兴元年（1131）二月，朝廷改行宫禁卫所为行宫皇城司，继续通过皇城司属员"察事卒""逻卒"等，了解群臣的动态。总体来看，皇城司的设立也有积极作用，它是辅政工具，会对惩治腐败起到一定的作用。当然，也会由此而产生消极作用。因为皇城司的设立，秘密侦察的先河就此开启，皇城司与枢密院、大理寺、巡检司等勾结，说到底都会沦为政治斗争的工具，成为皇权的帮凶。

（二）明代锦衣卫及其职能

在元朝末年的乱世之中，朱元璋从参加郭子兴义军开始起家，在夹缝中求生存，却能够一路坐大，最终成功地兼并其他各路豪强。朱元璋在与陈友谅、张士诚等诸路豪强的角力过程中，非常重视情报工作，并善于运用间谍战来配合军事行动，巧妙击败对手。朱元璋利用陈友谅的多疑性格，实施反间计除掉其手下猛将赵普胜。陈友谅的水军实力非常强大，战船也十分精良，但在建康之战中，朱元璋利用康茂才使用诈降术成功地击退陈友谅。为了对付张士诚，朱元璋派出十三名侍卫装作畏罪潜逃，潜伏到张士诚处搜集情报。这些侍卫经过努力，都深得张士诚信赖。他们长期潜伏在张士诚处，为朱元璋搜集情报，为最终击败张士诚立下战功。在逐一剿灭南方诸侯之后，朱元璋又挥师北上，最终攻克元大都，推翻了元朝统治，建立了属于自己的大明王朝。

1368年正月，草莽英雄朱元璋在南京宣布建立明朝，建元洪武。朱元璋的一生，境遇多变，角色多变，性格多变，但说到底，他是个出身贫寒的平民子弟。在一个风云际会的特殊年代，他做成了叱咤风云的草莽英雄。长期的战争，让朱元璋培养了特殊的情报嗅觉，他一直对情报工作非常重视，甚至对传递情报信息的小纸条也有一种特别的偏好。成就帝王之业后，朱元璋就像一个农夫一样，小心翼翼地看护着自己的农舍和田地，不容别人染指。至于他的农舍和田地，是已经划归他名下的万里江山。这看护起来当然不是一件容易的事情，朱元璋却显得胸有成竹。在与种种劫难和各色对手做斗争的过程中，他已经丢掉了普通农夫的种种淳朴，而是变得富有心机，狡诈多变。为了维护王朝的稳定，确保江山社稷一直在朱家传承，朱元璋想尽了种种办法。其中第一招是，大肆杀戮功臣，防止他们尾大不掉，危及政权的稳定；第二招则是，废除宰相之位，着力加强专制和集权统治；第三招则是，高度重视内务情报的搜集，大力推行间谍手段，以此加强对臣民的监控。作为特务政治代名词的锦衣卫，也便由此而生，明朝两百多年的间谍政治，也由此拉开了帷幕。

锦衣卫的设置，植根于朱元璋生性多疑的本性。和以往任何朝代的君王一样，朱元璋当然也要求手下众臣对自己始终保持绝对忠诚，不得有任何的不满情绪，更不能有丝毫的反叛之心。由此开始，朱元璋大量使出间谍手腕，派人悄悄侦察臣僚的行动，包括日常生活中的一切言行举止。监视臣僚的行动和诛杀功臣的行动，两手并行，令朝廷上下和朝野内外充满了肃杀之气。

当时，朱元璋手下功臣已经大量遭到屠杀，剩下那些侥幸活命的，也是整日提心吊胆。不仅是功臣有性命之虞，普通官员也是惶惶不可终日。他们小心翼翼地侍奉皇帝，战战兢兢地服务于王朝，却随时都会有性命之虞。每天上朝之前，他们都不得不和家人做一次严肃而又认真的告别，认真得如人生的最后诀别一样，非常担心就此无法再见。如果当天晚上能够平安归来，则全家额手称庆。当官当到如此地步，实则是下雨天过独木桥——步步惊心。

但是，朱元璋却不肯对这些已经胆战心惊的臣子有任何收手的打算，而是继续实施严密的监控，直至让人窒息。钱宰被征编《孟子节文》，罢朝回家曾吟诗一首："四鼓咚咚起着衣，午门朝见尚嫌迟；何时得遂田园乐，睡到人间饭熟时。"没想到这一首诗很快就被朱元璋获悉。第二天上朝时，朱元璋对钱宰说：昨天你作了一首好诗，但是也有用词不当之处，我没有嫌弃你啊，为何不将"嫌"字改成"忧"字。听到朱元璋这么一番话，钱宰早已吓得魂飞魄散，磕头如捣蒜，一再跪谢皇帝的不杀之恩。

起初阶段，朱元璋只是选派一些心腹的检校、佥事去完成对官吏的侦察和监视任务。但是，这些负责跟踪和监视的官员并没有直接逮捕和审判的权限，而且一直是单打独斗，没有形成合力，缺乏一个高效有力的组织。在这个过程中，朱元璋逐渐便有了组建专门的队伍和机构的想法，计划动用一支最精锐的队伍去完成秘密监督文武百官这一高度机密的任务。

那么，什么样的队伍可以胜任这种高度机密的职责呢？这就是朱元璋最贴身，同时也是最为可靠的部队——内廷拱卫司。拱卫司是吴元年（1367）所设，自设立之日起，便一直在朱元璋身边担任着护卫、救驾等特殊任务。既然内廷拱卫司长期担任皇帝的贴身护卫，那么所有的人都需要经过精挑细选，个个都是忠贞不贰的死士，可以随时为朱元璋上刀山下火海。这些人，当然是执行特殊任务的首选。不仅如此，在拱卫司中，朱元璋选中的是其中最为精悍的主力干将：仪鸾司。仪鸾司囊括了内廷拱卫司的精英，具有特殊战斗力，此外，仪鸾司还因为专门负责皇帝的出巡护卫，距离皇帝最近，因此担任这种传递情报的任务最为便捷，也更能掩人耳目，在神不知鬼不觉地完成监视任务的同时，也能快速高效地把情报准确传递到朱元璋的手中。

洪武十五年（1382），朱元璋正式宣布将内廷拱卫司改名为"锦衣卫亲军指挥使司"。不管其行动如何隐秘不显，其架构如何神秘莫测，而今它已经名正言顺、光鲜亮丽地站在了历史的舞台之上。特殊的身份和角色，注定了这些身穿飞鱼服、腰挎绣春刀的神秘卫队，会长期在明朝历史中扮演着特殊角色。

在朱元璋的设计中，锦衣卫设指挥使一人，正三品，同知二人，从三品。很显然，从这样的官阶来看，锦衣卫指挥使尚且与别的指挥使没有多少差别，但是，如果再考察锦衣卫下属机构，则会感觉出这个神秘机构的特殊性。按照朱元璋的旨意，锦衣卫下设南、北镇抚司，可以拥有监狱和法庭，因此具备从事侦察、逮捕、审讯及判刑等权力。当然，案件审判由皇帝下达诏旨，换句话说，这些都由皇帝直接掌握，别人不得染指。这种诏旨，或称诏令，是专属于锦衣卫的用以执行特殊侦察、缉捕任务的指令，也可以认为是皇帝所赋予的特殊权力。凡是被锦衣卫怀疑并且掌握到"证据"的案犯，不管有没有危及明朝政权，都会难逃法网。因此，所谓"诏令"，既是锦衣卫的护身符，也是锦衣卫特殊身份的证明。诏令和锦衣卫一起，构成了明朝皇权的特殊象征。

拥有了锦衣卫之后，朱元璋对臣民的监控可以变得不再那么羞涩了，因为一切都已经制度化、组织化、程序化、合法化。朱元璋需要这一批忠诚的精英卫士来看家护院。锦衣卫的出现和壮大，既是封建社会发展的历史产物，也是朱明王朝执意推行集权政治的一种逻辑结果。历朝历代的皇帝其实都非常注意在朝臣身边安插眼线，以此加强对臣僚的控制，一旦发现危机，也便于及早进行处置。宋代皇城司这种侦察机构的出现，标志着封建社会对于臣民监控的升级。至于锦衣卫，我们不妨视为皇城司的升级版：组织更加严密，人员更加精干，手段更加毒辣，效果更加明显。可以说，古代社会很难有谁能够把监控做得像朱元璋和朱明王朝这般严密细致。

朱元璋的精心设计，很快收到了回报。锦衣卫的这种特务系统缜密而细致地开展工作，而且无孔不入，水银泻地一般。有位官员不知为何在家中独自生气，结果第二天早朝时，朱元璋开口便问他为何生气，甚至手中还握有一张该官员当晚生气时的画像。生气事小，但是如果其中带有对朝廷和朝纲的不满情绪，那就是死罪。因此，朱元璋非常重视此事，锦衣卫也非常重视此事。不小心生了气的这位官员就此得到严惩。仅从这件小事，我们就可以想见当时锦衣卫侦察能力之强、渗透程度之深，也可以看出他们对臣民的监控是何等之严密。朱元璋有了这样的忠实鹰犬之后，终于可以高枕无忧地构建高度集权的帝国大厦。

朱元璋建立明朝之后，杀了太多的功臣，太子朱标看不过去，试图进行劝阻。朱元璋当然知道朱标的心思，但他决意要对其进行一番惩戒。一次父子相见，朱元璋拿出一根带刺的荆棘令朱标拾起，对此朱标当然是面有难色。见此情形，朱元璋则是不动声色地将刺削去，再令朱标拾起。至此，朱标才恍然明白，朱元璋杀功臣的行为，其实就是为了帮朱标把朝政理顺，把那些在他看来是刺儿头的臣子——抹平。怎奈朱标此后并没有接上皇位，而是过早患病身亡——这对明朝历史的发展走向产生了深远影响，但在朱元璋看来，反正那些刺儿头已经不复存在，他的朱明王朝理应可以浩浩荡荡、按部就班地传承下去。在朱元璋眼中，大明王朝就是他亲手栽种的一棵树，他要看着它茁壮成长，而且所有枝叶必须按照他的旨意来生长，至于那些不听招呼的，就只能咔嚓咔嚓地剪去了。显然，锦衣卫就是他着力打造的一把大剪刀。他需要用这把大剪刀来不时对树枝进行修剪。

蓝玉曾被认为是继常遇春之后，明朝最出色的将领。但是在朱元璋"拔刺"的理念下，这位曾经最炙手可热的大将军遭到锦衣卫的侦察和逮捕。在侦办蓝玉一案中，锦衣卫很好地执行了朱元璋的旨意，在搜集证据和审讯判刑过程中，令主子龙颜大悦。但是，随着一代名将的相继陨落，大明王朝终于出现人才断层。等到靖难之役发起，朱允炆的手中已经找不出可用之才，只能坐等朱棣取而代之。朱允炆继承皇位之后，对朱元璋的苛政有所纠正，把朱元璋的一些祖训丢弃，甚至于对锦衣卫这种强力机构的建设有所忽视，但所有这些都给他自己带来了无穷的后患。当叔父朱棣发起靖难之役时，朱允炆缺乏有效的抵抗，直至拱手送出皇位。

在夺占皇位的过程中，扎实有效的情报战，

曾帮助朱棣建立大功。由此开始，朱棣变得比谁都更重视内务情报的搜集，锦衣卫在他手中得到大大加强。锦衣卫在明成祖的有意袒护下，势力不断坐大，甚至凌驾于朝臣之上，成为皇帝的耳目。朝廷上下，如果谁胆敢稍微有点逾矩行为，立刻便会被锦衣卫所掌控，直到被逮捕和看押，随即便面临着种种酷刑，甚至是残忍处死。锦衣卫的头目纪纲，由此而俨然成为朱棣的看门狗，气焰极为嚣张。为朱棣篡位建立大功的解缙，因为惹得明成祖不悦，很快便被锦衣卫关押，并在遭受种种折磨之后，被纪纲残忍害死。在朱棣的纵容之下，锦衣卫和纪纲的权力越来越大，不仅不把朝廷众臣放在眼里，甚至渐渐地也不把皇帝放在心上，锦衣卫大头目纪纲甚而开始有了谋反之心，试图取代朱棣，夺占皇位。没想到的是，城府极深的朱棣对此早有准备。他在锦衣卫之外，另外组建东厂，意在加强对锦衣卫的监控和掌握。不可一世的纪纲，刚刚开始蹦跶，便立刻被朱棣抓捕问斩。

明朝中后期，对于臣民的监控明显得到加强。伴随着权力的争夺，内务情报的搜集和争夺战，变得越来越激烈。汪直成立西厂，试图夺占的便是"制信息权"。东厂、西厂和内行厂先后登台，这些机构和锦衣卫一起，实现了对臣民的成功监控。种种内务情报机构的设立，标志着明代特务政治的进一步升级，也昭示着明代以流氓的间谍手腕为特征的御民之术更加成熟。权臣严嵩是个权倾朝野、只手遮天的大人物，但他最终没能逃脱应有的惩处。在对严嵩父子的不法行为进行清算的过程中，锦衣卫发挥了非常独特的作用。搜集证据，缉拿案犯，审讯定罪……一切如水银泻地般严密展开，无孔不入的锦衣卫充分显示出其作为间谍机构所特有的特殊高效率，令权臣严嵩毫无知觉，最终只能乖乖就范。

锦衣卫是朱明王朝精心设计的产物，其中反映出明朝统治者维护集权统治的深远运思。我们应该看到，锦衣卫在维护社会稳定和维持帝国的集中统一过程中，也曾长期起到了一定的积极作用。尤其是在特定的历史时期，它至少是对维护王朝的稳定，包括遏制腐败及惩处罪犯等，都曾发挥过作用。明朝晚期，伴随着统治者的日益堕落，宦官集团迅速崛起。锦衣卫由此成为宦官政治和腐朽政权的一个组成部分，迅速成为宦官揽权的帮凶。当明王朝走入死胡同而无法自拔之后，帝国大业注定也将会迅速地烟消云散。朱元璋设计的严密制度，无法阻止统治者自己的堕落，以厂卫为代表的精干的特务组织，同样无法阻止王朝的衰落，锦衣卫只能就此成为大明王朝的殉葬品，一起走入历史。特务政治其实是集权政治的一种寄生物种。在集权政治的模式下，统治者为了实现对臣民的有效监控，不得不大力培植内务情报机构，间谍手腕因此大行其道。这是万民的伤痛，也是明朝留给后人的一个深刻的印记。

（三）厂卫并立

东厂的成立时间，史学界尚有不少争论。有学者认为，在洪武朝就已经有类似东厂这种机构出现——比如"绳顽司"这样的宦官机构，担负着搜集情报的职能。从现有史料也能看到，朱元璋很早就使用太监搜集情报，监控官员。比如早在洪武元年（1368）就曾使用太监悄悄侦察浙江省参政郭景祥。在铲除胡惟庸的过程中，丞相谋反的情报，也是首先由宦官获得。想必在朱元璋的安排之下，太监早早地盯上胡惟庸，实施了最为严密的监控，所以才能夺得告发丞相的首功。朱元璋一贯重视情报，也曾利用各种手段搜集情报，使用太监从事情报工作也属情理之中的事情。

虽说洪武朝存在着与东厂职能相似的宦官机构，但它最多只能说是东厂的前身，并不代表东厂就是朱元璋所创设。商传先生认为，东厂的初设时间固然是在永乐朝，但不应晚于永乐七年（1409）。也就是说，在永乐初年，朱棣就已经创设了东厂。更多学者则认为，东厂是在纪纲被杀之后，系朱棣为限制锦衣卫权力而设，其初设立时间为永乐十八年（1420）。这也是《明史·成祖本纪》和《明通鉴》等史书中的说法，所以影响最大。

在《明史》中，除《成祖本纪》之外，《刑法志》也记载了东厂成立之事，却没有确定的初设时间，措辞相当模糊："故即位后专倚宦官，立东厂于东安门北，令嬖昵者提督之，缉访谋逆妖言大奸恶等，与锦衣卫均权势，盖迁都后事也。然卫指挥纪纲、门达等大幸，更迭用事，厂权不能如。""即位后"这三个字，只是给出了一个非常模糊的时间。一个"盖"字，更是说明了作者的为难之情，也即对初设时间的难以把握。另外，"东安门北"的选址，可说明东厂初设该是在迁都之后，但是作者给出了因纪纲强势而导致东厂权势无法与锦衣卫相提并论的信息，从中可以看出，东厂在纪纲的时代就已经存在，并不是在迁都之后才开始设立。

从《明史·刑法志》的这一段记载中，我们很难找到确定的创设时间，《明史·成祖本纪》在表述上虽然持有非常肯定的语气，却很难让人完全信服。上述史料的错乱无序，足令人瞠目。东厂初设时间之所以无法确定，也可以从中找到部分原因。我们怀疑东厂的设立在当时就是一件秘密事件，其运行也始终处于非常保密状态，朱棣存心不让别人知道，史官也便无从查证。在以上三种主要观点中，我们更倾向于认同商传先生的研究结论：东厂的初设时间是在永乐朝初期，而且不晚于永乐七年（1409）。也就是说，在永乐初期，厂、卫便已经开始并立。只是这个时期，太监地位虽有很大提高，但东厂地位尚低，所以人们只知有卫，而不知有厂。

不管东厂成立于何时，其获得重用应该是在纪纲案发之后。太监的地位变得越发隆起，也与纪纲一案直接相关。如前所述，纪纲竟然利用锦衣卫扩展权力，并图谋不轨，迫切需要对其进行限制和监控。从宦官告发纪纲图谋不轨的这一细节出发，我们有足够的理由怀疑，在朱棣的授权之下，东厂很可能早已开始了对纪纲的侦察行动。在永乐朝，东厂也可能早早就担负起搜集情报的职能。朱棣相信太监，也将监军的任务交给太监。派出郑和远下西洋，据说就是为了寻找建文帝。包括寻找建文帝下落之事，朱棣也可能交给东厂。因为有学者研究指出，"设立东厂，也含有侦察建文帝下落的用意"。

东厂的职能为"缉访谋逆妖言大奸恶等"，这与锦衣卫大致相当。既然工作性质接近，同样富有侦察情报工作经验，当纪纲坐实谋反之罪，锦衣卫变得不可信时，朱棣自然会改而重用东厂。东厂的主要职责是"缉访谋逆妖言大奸恶"，为此它豢养了大批特务，监视政府官员、社会名流、学者等各种政治力量，并可以直接逮捕。同时，东厂还有监督审判权。朝廷会审大案、锦衣卫北镇抚司拷问重犯，东厂都要派人听审。朝廷的各个衙门都有东厂人员坐班，监视官员们的一举一动，如此获取的情报叫"听记"和"坐记"。这一搜集情报的过程叫作"打事件"。

在纪纲被杀之后，他手下的一些重要党羽，如庄敬、袁江、王谦、李春等人，并没有随之而全部受到株连。朱棣对他们的惩处明显地有所保留，而且锦衣卫中的不少力量都被充实到东厂。尤其是其中的骨干分子，很快就找到了再就业的机会，只是单位变了，上班地点变了。据《明史》，在纪纲被杀前后，东厂的权力范围尚且"与锦衣卫均权势"。但在不久之后，东厂的实际权势就明显地超越锦衣卫，不仅分掉锦衣卫的威权和职能，也在一定程度上对其实施监控。

总之，东厂和锦衣卫，这二者相辅相成，人们习惯并称其为"厂卫"。明代的情报职能，由此开始变得更加发达。朱棣希望通过这种设置，既能取得某种叠加效应，同时也可以互相牵制，防止某一家机构独大。此外，也可由此实现多途径搜集情报，可以将各方所得情报互相印证，避免被假情报所误。这正是孙子"五间俱起"所要达到的效果。

朱棣的亲信胡濙被朱棣派出去寻找建文帝，在他身后，始终另外有人悄悄地跟踪和监视。胡濙的一举一动，朱棣便可以全程掌握。一次，有一个少数民族的酋长希望用他的樱桃和胡濙换书。胡濙爽快地将书送给酋长，却没有接受酋长的樱桃。等胡濙回京汇报工作时，朱棣突然问道："樱桃是小东西，路上也可以解渴，你为什么不接受呢？"胡濙立即明白自己一直被全程监控，不由得暗暗吃惊。

不仅是胡濙，朝廷中的大小官员也都会受到严密监控。即便是出门搜集情报的锦衣卫，也会受到多方"关照"。"关照"他们的人，则是宦官。这就是朱棣的巧妙设计。在这种统治模式之下，每个人都是战战兢兢，毫无自由可言。

在永乐朝，情报机构的基本局面是厂卫并立。但在纪纲死后，东厂实力更加雄厚，宦官完全把持着大局，锦衣卫所搜集的情报往往需要经过东厂才能报给皇帝，所以锦衣卫地位沦落，远不如东厂强势。这种厂卫并立的精巧设计，尤其可以看出朱棣的"匠心独运"。东厂的强势，似乎不能用"后来居上"简单概括。毫无疑问，东厂和锦衣卫都是强权部门，但这两个部门由谁来主导也很有讲究。朱棣的设计思路是，通过没有军权的东厂来监控拥有一定军权的锦衣卫，而不是相反。这可以在一定程度上避免纪纲这样的威权人物重新出现。另外，虽然是由东厂主导，但是东厂的队伍中充斥着大量的锦衣卫，这也可以起到互相监督的作用。所以，这已经是东厂独大的局面，并不是真正意义上的"并立"。成功控制锦衣卫之后的东厂，也很自然地成为新的威权部门，明朝的历史也会由此而打上浓厚的宦官印记。

明宪宗朱见深虽没有其父朱祁镇那种传奇经历，却同样是一位有故事的皇帝。不说别的，光是他和万贵妃之间的爱情故事，就可以改变所有人对古代皇帝荒淫好色的传统印象。朱见深即位之初，重用李贤、彭时、商辂等贤臣，所以政治相对清明。而且，他敢于对父亲的一些做法进行纠正，比如下令为于谦平反，恢复代宗帝号等。这些举措，在证明自己胸怀宽广的同时，也博得了不少掌声。这个时期的他，恍若一代明君，令朝野充满期待。

不过，巨奸汪直的出现，在相当程度上影响了朱见深的执政方式，并不断损毁着他的执政口碑。因为汪直，成化年间曾先后两次设立西厂，不仅使政治空气自此变得更加阴森可怖，同时也留下一些奸佞小人利用这些特殊政治资源，进行政治投机和疯狂敛财。朱见深本人也学会了利用宦官和特务组织，利用采购和开采，搜刮民脂民膏，巧行敲诈和勒索，令天下臣民疲惫不堪。

汪直，广西大藤峡瑶族人。幼年以俘虏的身份，净身成为太监。最初他被安排在昭德宫侍奉万贵妃，因为善于察言观色且机敏乖巧，所以受到贵妃娘娘的赏识，官职也不断得到升迁，直至升任御马监太监。这个级别的太监，已经进入皇帝的视野，也便有机会进一步发迹。

成化十二年（1476），宫中出现灾祸，有人反映看见妖狐出没——所以不少人称之为"妖狐事件"。随后便有一位叫李子龙的妖人，通过勾结太监韦舍私自进入大内皇宫之中。事情虽然被及时发现，而且当事者也都受处理或被杀，却就此引发了皇帝了解外面世界的兴趣。外面的世界到底是什么样子，深居九重宫门之内的朱见深完全不知道，因此充满好奇。汪直善于察言观色，天生就是个做侦探的料子，很快就发现皇帝的这一心思。朱见深也发觉汪直对刺探消息非常在行，于是就命令他带着若干校尉，打扮成老百姓的模样秘密外出，悄悄地四处展开侦察行动。

汪直将他所能搜集到的各种情况，包括官

员动态、野史轶闻等，都秘密报告给皇帝。在听了汪直的汇报之后，朱见深龙颜大悦，也对秘密情报工作产生了更加浓厚的兴趣。这一切完全都是在神不知鬼不觉之中完成。朝廷内外，几乎所有的人都不知道汪直担任了这个特殊任务，也不会预料到汪直的身份将要发生悄然转变。朝臣之中，只有都御史王越与他相交甚欢。就冲着皇帝热衷于打探朝野趣闻的这种劲头，一个新的情报机构，已经呼之欲出。成化十三年（1477）正月，汪直得到宪宗的批准，设置"西厂"，执意要将侦察行动规模扩大。他从锦衣卫各级官员和校尉中挑选出精兵强将，把那些善于侦察和搜集情报的官校都一一网罗门下。可以看出，西厂的诞生固是因为"妖狐事件"而起，因为皇帝的一时兴起，但也是出于汪直处心积虑的设计。

西厂的命名是从永乐年间所设东厂找到的灵感。既然朱棣设立过大名鼎鼎的东厂，宪宗所设新机构就可以叫作西厂，以求得时空对接，将朱棣的辉煌延续下去。另外，就厂部选址而言，也正好是一东一西遥相呼应：西厂在西城，东厂在东城。

和东厂一样，西厂虽是一个新生机构，却

仍然摆脱不掉锦衣卫的影子。不仅是侦察办案人员大量地来自锦衣卫，就连机构设置也对其多有模仿，并且侦察方式也多有袭用。此外，包括监狱设置、办案方法和酷刑设置等，西厂也都大量借鉴锦衣卫。朱见深之所以如此设计，固然是出于对汪直的信任，但也隐含着另外一个目的：逼着西厂与东厂，包括锦衣卫在内，互相之间展开竞争，看看到底哪一家机构能办得更好，更能符合己意。因为有万贵妃的青睐，因为有皇帝的支持，汪直并不怕与东厂展开竞争。而且，关于搜集情报，他已经很有一番心得。不仅知道情报怎么找、哪里找，更知道皇帝需要什么样的情报。

应该承认，西厂在成立之初，多少也会做出一些惩处犯罪、打击邪恶的正义之举。正因为如此，汪直能够在西厂建立初期赢得宪宗的大力支持。但是随着时间的迁移，汪直的野心逐渐萌发。在他自认为已经掌控大局之时，便开始胡作非为。在汪直担任提督时期，西厂获得了长足发展。从各个王府到边镇，再到大江南北，到处都布有锦衣卫校尉。因为遍地安插了耳目，民间即便是那些斗鸡遛狗之类的琐事，也都被悉数掌握。如果稍有出格之举，就会被施以重罚，民众不断受到惊扰。朝臣则更是惴惴不安，只能道路以目，每天生活在恐惧之中。汪直深知朱见深的喜好，为了邀功求赏，他将抓捕妖言惑众之人作为阶段工作目标。此后，西厂旗校每每以抓捕这类罪犯向宪宗邀功。有些无业游民便故意书写赝书，诱骗不识字的普通百姓，故意栽赃给一些无辜之人。锦衣校尉不辨真假，闻风而动，将这些"涉案"百姓统统抓捕入狱。无缘无故遭到抓捕，谁都会出于自保而拒不认罪。但是审讯人员咬定他们属于巧言诡辩，公然抗法，立即大刑伺候，不断导致冤死之鬼出现。百姓虽然深知自己遭到陷害，却始终告官无门，敢怒而不敢言。西厂打着"锄奸保民"的旗号，不断做着坑害良民的违法之举。

汪直也因为西厂而地位日隆，"权焰出东厂上"。每次出行，他都带着很多随从，公卿大夫如果遇到他的车队，都必须立即避于道旁。兵部尚书项忠就因为没有避让而被汪直羞辱。有了西厂，而且是武装到牙齿的西厂，汪直也有了和各位大员叫板的本钱。在锦衣卫各级官吏中，他物色到了一名得力打手：锦衣卫百户韦瑛，自此视其为心腹。在韦瑛的帮助之下，汪直屡兴大狱。

朝臣之中，不断有人被抓进西厂监狱，受到各种酷刑。

后来，明宪宗终于得知太监汪直的各种恶行，于是下旨废除西厂。没想到的是，到了明武宗正德年间，刘瑾当宠，西厂复置，由其亲信谷大用掌西厂提督。但刘瑾对亲信党羽也不放心，于是又在荣府旧仓地设内办事厂，京师谓之内行厂，由自己亲自统领，其权力范围甚至包括监视东厂和西厂的侦缉活动。刘瑾倒台之后，内行厂与西厂一同被废除，不再复置。

二、从粘杆处到军机处

清入主中原后，很好地学习了中原王朝的统御之术，尤其是让臣下"互相监视，并以密告别人的方式来表示自己的效忠"的方法，甚至比以前的汉族封建君主还有过之而无不及。清朝设立八旗驻防制度，其目的就是建设严密的监控网络，尤其是对汉人和重要官吏实施严密监控。当然，地方行政官员也可以对驻军将领的情况进行监视，有紧急情况需要随时上报，同时鼓励职务较低官员密报上级官员情况。传递情报的密折，因此受到清朝皇帝格外重视，由此形成有清一代独特的密折制度。大大小小的秘密奏折，成为皇帝了解驻防事务和政情、军情的一个重要渠道。处在严密监视之下的各级官吏，则无不处于惶恐和畏惧之中。密折制度的推行，与粘杆处和军机处密不可分。有了严密的密折制度，它们监控臣民和辅助皇帝实现集权等使命，才能最终得以实现。而且，密折书写越来越规范，密折管理越来越严格，这都是为了集权统治的需要。

（一）机构的更迭

为了加强对臣民的监控和控制，清朝在顺治初年就建立了粘杆处，以此来组织实施各种监控活动。粘杆处，全名为尚虞备用处。从工作性质来看，粘杆处就是负责内务情报的情报机构，其主要任务就是负责监视大小官员的工作情况和日常活动，如果发现重要情况就要迅速上报朝廷和皇帝。从功能定位上看，粘杆处注重搜集政情和社情。军机处起初则偏重于军情，但后来发生了很大改变，也开始关注政情和社情。

军机处成立于雍正朝。如果按照军需房设置时间，则可划定为雍正四年（1726）。当时，清廷正在准噶尔用兵，为及时掌握和迅捷处置西北军情，同时也为了保密需要，雍正决定设立一个不受任何干扰的军情处理和军机谋划机构。雍正希望能够借此掌握军机，最大限度地实现对战场的掌控。雍正七年（1729），雍正在给岳钟琪的奏折上批复道："两路军机，朕筹算久矣。其军机一应事宜，交与怡亲王（允祥）、大学士张廷玉、蒋廷锡密为办理。"（《清世宗实录》卷82）允祥去世之后，设计和规划军机处的重任更多地落在了张廷玉的肩上，所以，军机处初设之时的制度等，皆由张廷玉所制定。

军机处起初被命名为"军需房"，后来被更名为"军机房"，不久又改名为"办理军机处"。名称再三更迭，但一直与"军"字密切相关，与"军机"紧密相连。在最初阶段，它可能只是为了解决军需问题，但在接下来的日子里，雍正发现，情报传递和战略决策，乃至于情报的保密管理等，都需要通盘考虑，于是改称军机处。按照最初的设置，张廷玉每天黎明时分都需要以最快的速度赶往木板房，赶在雍正帝召见之前，将西北传来的军情及时地进行整理然后上报，并在得到雍正的明确指令之后，及时拟定作战文书，然后命令探马飞速送往西北战区。由此可见，军机处在设立之初兼有军情传递和军情处置这两项功能，而又以前者为主。

粘杆处曾利用特权大肆进行特务活动，但在清高宗之后被逐渐废除。之所以会出现这种情况，该是因为粘杆处的职责已经可以交由军机处替代执行。也就是说，既然军机处也开始关注并搜集政情和社情，粘杆处自然不复有继续存在的必要。军机处的命运，包括性质和地位等，都可以随着皇帝个人的旨意发生翻天覆地的改变，粘杆处当然也不能例外。所有这些变化，都与皇帝推行集权有着直接的联系。军机处从军情传递机构，发展到大包大揽，染指国家管理的方方面面，甚而渐渐成为中枢决策的重要机构，统统都是因为集权统治的需要。在雍正朝，军机处更多局限于办理西北军务，尚且无法真正取代内阁中枢，但雍正对相关密折制度和公文制度的改革，其实已经是为军机处职权发生改变做好了铺垫，同时也是为中央政府的决策体制全面改革进行了准备。通过这种改革，也已经部分实现了他自由行使皇权和高效处理政务的设想。皇权也由此而在雍正手中呈现明显的加强趋势。

（二）传递内务情报的密折

密折，也称奏折、折子、奏书、奏疏等，是清代专门用来向皇帝陈情言事的一种文书。清朝以前各朝也有奏疏等公文，多少可算作密折的前身，但没有任何朝代曾经像清朝这样高度重视密折。清朝，尤其是康雍乾时期，围绕密折逐渐形成了一套完整而又严密的规章制度，并将密折与政治生活和政权安危紧密地联系到了一起。雍正设立军机处，是密折发展历史上一个标志性事件。密折制度对于朝政的影响，自此被发展到无以复加的地步，使之成为清朝皇权政治的重要标志之一。

据说清代自顺治朝已有奏折开始使用，在康熙朝更加受到重视。奏折之所以称为密折，也与康熙密不可分。康熙执政前期，奏折逐渐开始投入使用，但在相关奏折的办理、传递及保管等各方面，都没有步入正轨。也正是在这种试用和摸索过程中，康熙逐渐认识到奏折在了解政情、军情方面所具有的独特作用。于是开始对奏折有所关注，并在传递和保管等方面做出规定。书写和呈递奏折也需要限定身份，奏折逐渐变成高级官员才可染指的带有一定秘密性质的文书。有学者曾对康熙朝进折人员的身份进行过分类考证，并按身份和所属机构分为五类：其一是宗室姻亲、汉族异姓王公及内务府等皇室服务系统；其二是中央官员系统；其三是地方官员系统；其四是内外蒙古各部王公及青藏、准噶尔蒙古外藩系统；其五是难以归入上述各类的其他人员。很显然，奏折并非普通人所能使用，而是需要具有相当的社会地位才行。就康熙一朝的情形来看，言事陈情之官虽有渐渐扩展之势，但范围终究非常有限。起初只是若干亲信人员，后来则发展为各旗的亲信，渐渐地才扩展到一些重要官员，但人员总数仍然不过二百左右。

至于阅览奏折，更是有着严格的权限规定。康熙绝大多数时候都是自己亲自批阅奏折，只会在偶尔情况之下，才会将某些相关奏折交由内阁大学士批答。而且这种情形没有维持多久，内阁批阅奏折的权力很快就被剥夺。

康熙四十六年（1707）四月，甘肃巡抚齐世武奏报甘肃雨雪灾害情况。其时康熙正在南巡途中，密折被递交内阁处理。等康熙回京之后，发现本被密封的奏折已经拆阅，便严厉地责备齐世武"糊涂"。康熙对齐世武说："朕不在之时，奏折应该送给掌事阿哥阅示才对！"康熙不在京城，"掌事阿哥"可以代行批阅奏折，这掌事阿哥自然是康熙非常信任之人，正如同当初胤礽代理国事时所扮演角色。从这起事件中我们至少可以看出两点：其一，其时内阁已经没有了阅览奏折的权力，可知内阁完全不被信任；其二，所谓奏折，其时已经发展成为密折，更加强调保密性。故此，康熙不在之时，只有他所指定之人才可以阅览。

康熙废立太子期间，流言很多，而且局势一度难以控制。康熙为了及时掌握情况，下令朝臣可以在请安折中随时报告所闻所见，但必须"如实密陈"。而且，康熙开始坚持亲自批阅奏折，不容别人染指。康熙执政最后几年，一度因为中风而导致右手无法书写，自此无法正常批阅奏折，但他为了防止上传下达之中出现差失，给结党营私之人以可乘之机，便一直坚持用左手批阅奏折。显然，在康熙眼中，抓住了批阅奏折的权力，就是掌控住了大清帝国。小小的密折，俨然成为皇权和地位的象征，是大清帝国监控臣民的宝器，不容任何人窥伺和染指。康熙一朝激烈的党争，尤其是太子党之间长期的互相倾轧，只能让言官长久保持缄默。很明显，储位之争都是皇帝自家事，旁人不敢多言。康熙则深深苦恼于言路不畅，迫切需要有搜集政情、军情的途径。密折作为传递情报之用的特殊载体，不能不受到康熙的格外重视。渐渐地，密折成为康熙了解驻防事务和政情、军情的一个重要渠道，并上升为高级官员普遍使用的正式官文。在实际操作过程中，康熙很快也意识到，密折制度的推行对于监控官员有很大好处。由于配合密折制度的推行，办理政务可以就此转为隐秘，而不再拿出来公开进行讨论。密折所陈之事，多为机密急务，大多需要紧急处理，强调办事效率，故而既有公文的处理模式也被打破。至于每一份密折如何办理，全等皇帝批示。有的时候，他会选择将密折存档；有的时候，他会选择将密折交由内阁或议政处阅处。只有皇帝才有权对密折做出程序和处理要求，内阁的职权则完全被限制和削弱。这种情况下，铲除异己和贪腐官员，也可以变得神不知鬼不觉，密折由此成为威慑群臣的一种最佳途径。康熙曾对朝臣宣布："尔等果能据实密陈，则大奸大贪之辈不知谁人所奏，自知畏惧。"处在严密监视之下的驻防将领和各级官吏，无不处于惶恐和畏惧之中。所以，密折的使用，"是清代君权高度集中及中枢辅臣权力进一步削弱的重要标志之一"。

这种监控行为，到了雍正年间更是发展到了极致。据《南亭笔记》记载，某省新上任巡抚在家与夫人女眷等打牌，忽然发现一张牌不见了，怎么找也找不到，只好悻悻地休息。没过多久，巡抚得到雍正召见，在汇报一些施政情况之后，巡抚道别。可就在他将要出门之际，突然又被雍正叫了回来。只见雍正从怀里徐徐拿出一张牌来，笑着说道："这是你家的东西，现在还给你。"巡抚定睛一看，大惊失色，原来雍正手里拿的竟是前几天巡抚打牌时所丢失的那张牌！从这件小事就可以看出，当时对于官员的监控有多么严密。

还有一个关于帽子的故事，也足够反映当时对于官员的监控之密。有位大臣前一天买了顶新帽子，第二天入朝免冠行礼时，雍正特意提醒其注意别把新帽污坏。官员换顶帽子，当然犯不着日理万机的皇帝来关心，得到这种提醒的官员也只会在万分惊愕之余，感叹自己的一举一动都被监视。但雍正却不会理会这些。他有时候甚至故意将所收到的情报透露给被监视的官员，"借以提高这种特务手段的威慑力"。很显然，暗箱操作式的密折制度，让清代皇权更多了一层令人恐怖的神秘感。

密折既然成为帝王了解政情和社情的重要途径，也是加强皇权的重要工具，便不能不采用严密的规章制度进行管理，而且对办理和使用的权限都予以严格规定。雍正结合军机处的相关设置，除了借鉴康熙朝的某些做法之外，也对密折制度进行了改进，对密折做了更为严格的管理要求。

很多人将密折制度和军机处比作为左右手，认为正是它们二者的密切协同、紧密相扣，帮助雍正最终实现了集权统治。其实，考察雍正相关军机处的设计便可发现，密折其实是军机处日常工作的重要组成部分，密折制度的改革也始终和军机处息息相关。雍正更加重视密折在中枢决策中的地位。与康熙朝相比，雍正朝具备具折奏事权力的官员数目明显增多，奏折涉及内容也更加广泛，奏折数量也呈现激增态势。有学者统计，康熙时期，具折言事官员不过一百余人，奏折总数约九千件。而在雍正朝，具折言事的官员已经骤升至一千二百余人，奏折总量约四万件。奏折已经成为雍正了解政情、社情和军情的最重要上行文书。举凡边疆军务、官员政务、民众疾苦和雨雪灾害等各方面情况，雍正都需要通过一份一份的奏折来获得了解。密折也就此成为掌握内务情报的重要渠道。

奏折直接送往内廷之后，只有军机大臣才有转传奏折的权力，但是，这些军机大臣也只是代转，不得私自拆阅。具折人也不得用任何方式向代转之人说明奏折的内容。机密之事只能有皇帝一人知晓，官员们则只能处于相互监督、彼此牵制，甚至人人自危的境况。全国上下围绕军机处这个情报终端构建了类似蛛网一样的严密体系。皇帝和军机处则处在这个蛛网的中心，严密关注和掌控着各地动态。军机处逐渐成为朝廷政治决策不可或缺的重要一环，真正成为皇帝最为贴心的"秘书"。军机处人员设置较为随机，行事却极为隐秘，虽不在政府机构中正式列编，甚至没有像政府机构那样设置规章制度，但却可以由此而独立于所有政府机构之外，成为皇帝处置情况、下达诏谕的工具，并逐渐成为超越政府机构的发号施令的权威性御用组织。随着情势发展，军机处的职权渐渐扩大，已经远远超越了当初处理西北军情和军务的范围，开始涉足清廷内政外交等诸项政务，甚而渐渐成为中枢决策的重要机构。不仅兵部由此而被渐渐架空，甚而内阁的很多权力也被其侵夺。军机处承担起一切奏折的转发、批复和处理，并在多个方面影响着人事变动和政局走向，最终成为皇帝专断和集权的工具。

出版说明

　　"新编历史小丛书"承自20世纪60年代吴晗策划的"中国历史小丛书",其中不少名家名作已经是垂之经典的作品,一些措辞亦有写作伊初的时代特征。为了保持其原有版本风貌,再版过程中不做现代汉语的规范化统一。读者阅读时亦可从中体会到语言变化的规律。

"新编历史小丛书"编委会

图书在版编目（CIP）数据

情报史话 / 熊剑平著 . — 北京：文津出版社，
2024.7
　（新编历史小丛书）
　ISBN 978-7-80554-877-7

　Ⅰ . ①情… Ⅱ . ①熊… Ⅲ . ①情报活动—史料—中国
—古代 Ⅳ . ①D691.49

中国国家版本馆 CIP 数据核字（2023）第 122474 号

责任编辑　王铁英　张　帅
责任营销　猫　娘
责任印制　燕雨萌

新编历史小丛书

情报史话
QINGBAO SHIHUA

熊剑平　著

出　　　版　北京出版集团
　　　　　　文津出版社
地　　　址　北京北三环中路 6 号
邮　　　编　100120
网　　　址　www.bph.com.cn
总 发 行　北京出版集团
印　　　刷　北京汇瑞嘉合文化发展有限公司
经　　　销　新华书店
开　　　本　880 毫米 ×1230 毫米　1/32
印　　　张　4
字　　　数　60 千字
版　　　次　2024 年 7 月第 1 版
印　　　次　2024 年 7 月第 1 次印刷
书　　　号　ISBN 978-7-80554-877-7
定　　　价　24.80 元

如有印装质量问题，由本社负责调换
质量监督电话　010-58572393